なるにはBOOKS
84

日本語教師になるには

益田美樹 著

ぺりかん社

はじめに

この本のために取材を始めたころ、ある日本語教師の方から、こんなコメントを聞きました。「日本語教師は、世界平和に貢献《こうけん》できる仕事だと思っています」。どうですか、このスケールの大きさ！「おおげさかも知れませんが」と前置きをする、ごく控《ひか》えめな発言だったのですが、一瞬にして、私の心奥深くに記憶されました。

その後、数カ月にわたってさまざまな日本語教師の方に会いました。「日本語教師はどんな仕事ですか」と質問を投げ続け、彼らが見ているこの職業の姿を浮き彫《ぼ》りにしようとしてきました。

すべての原稿《げんこう》を書き終えた時、ふたたび、冒頭の言葉を思い出しました。取材させていただいた方々が実際に行っている仕事はどれも、この言葉に集約される側面をもっていたからです。

日本語教師についてまだほとんど知らなかったころ、私がこの仕事に対して抱《いだ》いていたイメージは、「日本語を教える先生」でした。かつて小中学校で接していた、社会の先生や国語の先生に似た姿を思い浮かべていたわけです。もしかしたら、この本を手に取った読者のみなさんも、同じように想像しているかもしれません。

しかし、調べてみると、日本語教師という仕事は守備範囲《はんい》がめっぽう広い。その限界線が見えないくらい幅広《はばひろ》な職業です。まず、教える相手は日本語を母語としない人びと。あらゆる文化圏《けん》の人であり、年齢《ねんれい》にも制限はありません。教える場所も国内外に広がっています。公民館から大学までさまざまな会場でクラスが運営されています。そして、教える内容は、日本語にとどまりません。文化や習慣も合わせて日本全般《ぜんぱん》に及《およ》びます。

このような日本語学習は、学習者にとって、異なる言語をもつ人（他者）を知ろうとする道のりにほかなりません。伴走する日本語教師は、学習者が続ける「他者を理解する旅」をガイドし、学習者と日本の人たちとの橋渡《わた》し役も担っています。まさに、最終目的地「世界平和」の旅を続けているのです。

この本が、そうした壮大な旅路に関心をもった読者のみなさんにとって、少しでもお役に立てば幸甚《こうじん》です。

最後になりましたが、取材では、国内外で活躍《かつやく》中の日本語教師の方々、国際《こくさい》交流《こうりゅう》基金《ききん》をはじめとする関係各所の方々にたくさんのご協力をいただきました。また、筑波《つくば》大学《だいがく》人文社会系の伊藤《いとう》秀明《ひであき》准教授《じゅんきょうじゅ》（日本語教育）には、専門的な知見からさまざまな助言をいただきました。みなさまに深くお礼申し上げます。

著者

日本語教師になるには　目次

［3章］

なるにはコース

※本書に登場する方々の所属などは取材時のものです。

［装丁］図工室　［カバーイラスト］ハラアツシ　［本文イラスト］川島星河　［本文写真］益田美樹

「なるにはBOOKS」を手に取ってくれたあなたへ

「働く」って、どういうことでしょうか?

「毎日、会社に行くこと」「お金を稼《かせ》ぐこと」「生活のために我慢《がまん》すること」。

どれも正解です。でも、それだけでしょうか? 「なるにはＢＯＯＫＳ」は、みなさんに「働く」ことの魅力《みりょく》を伝えるために１９７１年から刊行している職業紹介《しょうかい》ガイドブックです。

各巻は３章で構成されています。

［1章］ドキュメント 今、この職業に就いている先輩《せんぱい》が登場して、仕事にかける熱意や誇《ほこ》り、苦労したこと、楽しかったこと、自分の成長につながったエピソードなどを本音で語ります。

［2章］仕事の世界 職業の成り立ちや社会での役割、必要な資格や技術、将来性などを紹介《しょうかい》します。

［3章］なるにはコース なり方を具体的に解説します。適性や心構え、資格の取り方、進学先などを参考に、これからの自分の進路と照らし合わせてみてください。

この本を読み終わった時、あなたのこの職業へのイメージが変わっているかもしれません。

「やる気が湧《わ》いてきた」「自分には無理そうだ」「ほかの仕事についても調べてみよう」。

どの道を選ぶのも、あなたしだいです。「なるにはＢＯＯＫＳ」が、あなたの将来を照らす水先案内になることを祈っています。

1章

ドキュメント
日本の文化と言語を世界へ！

ドキュメント 1

オーストラリアで子どもに教える日本語教師

なぜ日本語を学ぶのか？ 子どもの意欲を引き出す

国際交流基金《こくさいこうりゅうききん》
シドニー日本文化《にほんぶんか》センター
折原有実《おりはらゆみ》さん

取材先提供（以下同）

折原さんの歩んだ道のり

神奈川《かながわ》県出身。スイスへのあこがれと日本語への興味から、高校1年生の時に日本語教師になろうと決意。上智《じょうち》大学外国語学部（ドイツ語）に進学し、同大学大学院修士課程（日本語教育学）でも学ぶ。日本語教師となって4カ月後、国際交流基金《こくさいこうりゅうききん》の日本語指導助手に応募《おうぼ》。採用され、およそ1年半後に、オーストラリアに派遣《はけん》。約45校の小中高生に日本語を教えている。

5歳《さい》から18歳《さい》までの児童生徒と

赤道を挟《はさ》んでちょうど日本の反対側に位置するオーストラリア・タスマニア州。州全体が同国南岸沖の離島《りとう》で、自然が豊かだ。「緯《い》度《ど》は北海道《ほっかいどう》と同じ。ごくまれにですが、雪が降ることもありますよ」。折原有実さんは、ここで日本語を教えている。

学んでいる人たちの年齢層《ねんれいそう》は幅広《はばひろ》い。

「私が教えているのは、小学生から高校生までの児童生徒です。歳《とし》でいえば5歳《さい》から18歳《さい》。そう、始めるのは5歳《さい》です。こちらだと、日本の幼稚園児《ようちえんじ》にあたる歳《とし》から小学生になる準備が始まるので、けっこう早くから日本語を勉強することになりますね」

折原さんは、現地の日本語の授業で、ランゲージアシスタント（言語指導助手）という立場で教えている。タスマニア州都のホバートを中心に、他都市も含《ふく》めて複数の学校を回っている。その数、およそ45校。

「教える子の人数は学校によっても違《ちが》いますが、小学校だとだいたい1学年100人前後。中学校や高校だと、もっと少ないですが。でも、全体で6000人は超《こ》えていると思います。子どもの名前を覚えるのが大変です」

それも楽しんでいるかのような伸《の》びやかな笑い声が続いた。

海外で暮《く》らす夢《ゆめ》のために

折原さんが日本語教師をめざしたきっかけは二つある。一つは、海外へのあこがれだ。

「小さなころ、スイスに住みたい！　って思ったんです。そのためには、現地でも働けるような技術を身につけなければと考えて、中学のころ、本でいろいろな仕事を探しました。そこで見つけたのが、日本語教師でした」

もう一つは、日本語への興味。

「高校生の時に韓国人《かんこくじん》の友人ができました。その子からときどき、日本語について質問されたんですが、答えるのが難しくって。私、日本人なのになんで教えられないのかなと思いつつ、いろいろ調べて、質問に答えていました。それで日本語に関心をもちました」

高校1年生の終わりには、日本語教師になろうと決心。大学ではまず高校時代から取り組んでいたドイツ語（スイスの公用語）の理解を深め、大学院では日本語教育学を専攻《せんこう》した。修了《しゅうりょう》後、東京《とうきょう》の日本語学校や、大学などで教え始めた。

大学にはチューターシステムがあって、大学4年生から大学院修了《しゅうりょう》まで、5、6人の留学生に日本語を教えていた。日本語教師になるための助走を続けていたことになる。折原さんは、その経験も活かしながら日本語教師の仕事に打《う》ち込《こ》み、国際交流基金が海外に派遣《はけん》する日本語指導助手に応募《おうぼ》、現在のポジションにたどり着いた。

学校を回り多くの子ども、先生と接する

ランゲージアシスタントとは、現地の教師のサポートをしながら彼らとともに授業を進めるのが仕事だ。授業で的確な発音を示したり、日本事情を伝えたり、授業の後には、現地の教師に対して教える内容や教え方の提案などをしたりする。日本語を母語とする人として、日本人として、そして、日本語教育を学んだ人として、貢献《こうけん》できることは多い。

多くの学校を回るのでたくさんの児童生徒

手に持つ「あ」のイラストは国際交流基金が開発した教材　©The Japan Foundation

に接するが、協働する教師の数もその分多い。教師によって授業のスタイルが違《ちが》うため、それぞれのやり方に合わせながら、授業をサポートすることが求められる。授業内容の提案にしても、教師の個性に応じて声かけの仕方を替《か》えるなど、工夫が必要。職場が一つではない働き方ならではの腕《うで》の見せどころだ。

それぞれの学校で過ごす日は限られるので、コミュニケーションも大事だ。協働する日本語の教師はもちろんだが、校長や事務スタッフ、清掃《せいそう》スタッフなどとも接する機会があれば、気持ちよく働けるような関係づくりを心がけている。

準備時間はオフィスデーで確保

日によって出勤先は異なるが、始業は基本的に午前8時前後。一日は、時間割通りに進み、午後4時ごろに家路につく。小学校は時間割が埋《う》まっていることが多いが、授業がない時間は現地の日本語の教師と話をしたり、授業の準備などをしたりする。

家でも仕事をすることがある。学校で空き時間に終えられなかったような作業だ。たとえば、日本文化についてのプレゼンテーション資料。こうした資料づくりは、ある程度まとまった時間が必要で、その時間の確保が課題だ。教える学年が幅広《はばひろ》く、個々の教師のスタイルも異なるので、準備は簡単には終わらない。

実は当初、あまりにも時間が足りず、授業準備などの作業の多くを持ち帰っていた。そこで、全体のスケジュールを管理する州の担当者に現状を説明し、改善できるよう交渉《こうしょう》した。

「理解を示してもらえて、現在は週に一日、オフィスデーを設けています。学校訪問はせず、作業に専念できるので助かっています」

オーストラリアでは、新学年は1、2月ごろに始まる。4学期制で、学期と学期のあいだにスクールホリデーがある。その時間は、教材作成などにあてることが多い。また、年に二度は、国際交流基金シドニー日本文化センターが開く現地の先生を対象にした研修にも出席する。「What's new in Japan?(日本の最新情報)」といったセッションが設けられ、日本の情報を届ける機会になっている。

課題は子どものモチベーション維持《いじ》

折原さんが教える相手は、英語を母語とする子ども。英語は、世界でもっとも多くの人が使う言語の一つだから、海外の人とのコミユニケーションは母語だけでも、かなりの範《はん》囲《い》が網羅《もうら》できる。話されているエリアが限定的な言語、たとえば日本語を母語とする人にとっては、うらやましく見える状況《じょうきょう》だが、それが、外国語学習のハードルを上げることもあるようだ。

「小学校の低学年のころは、あまり感じないようですが、7、8年生（日本の中学生）ぐらいになると、疑問をもつ子が出てきます。なんで日本語を勉強しないといけないの？って」

オーストラリアは、言語を含《ふく》め、さまざまな文化教育を初等教育から取り入れている。なかでもタスマニア州は日本語学習者が多く、学校によっては、日本語とフランス語など、複数の外国語を教えているところもある。

「なぜ外国語を勉強しなくてはいけないのか」

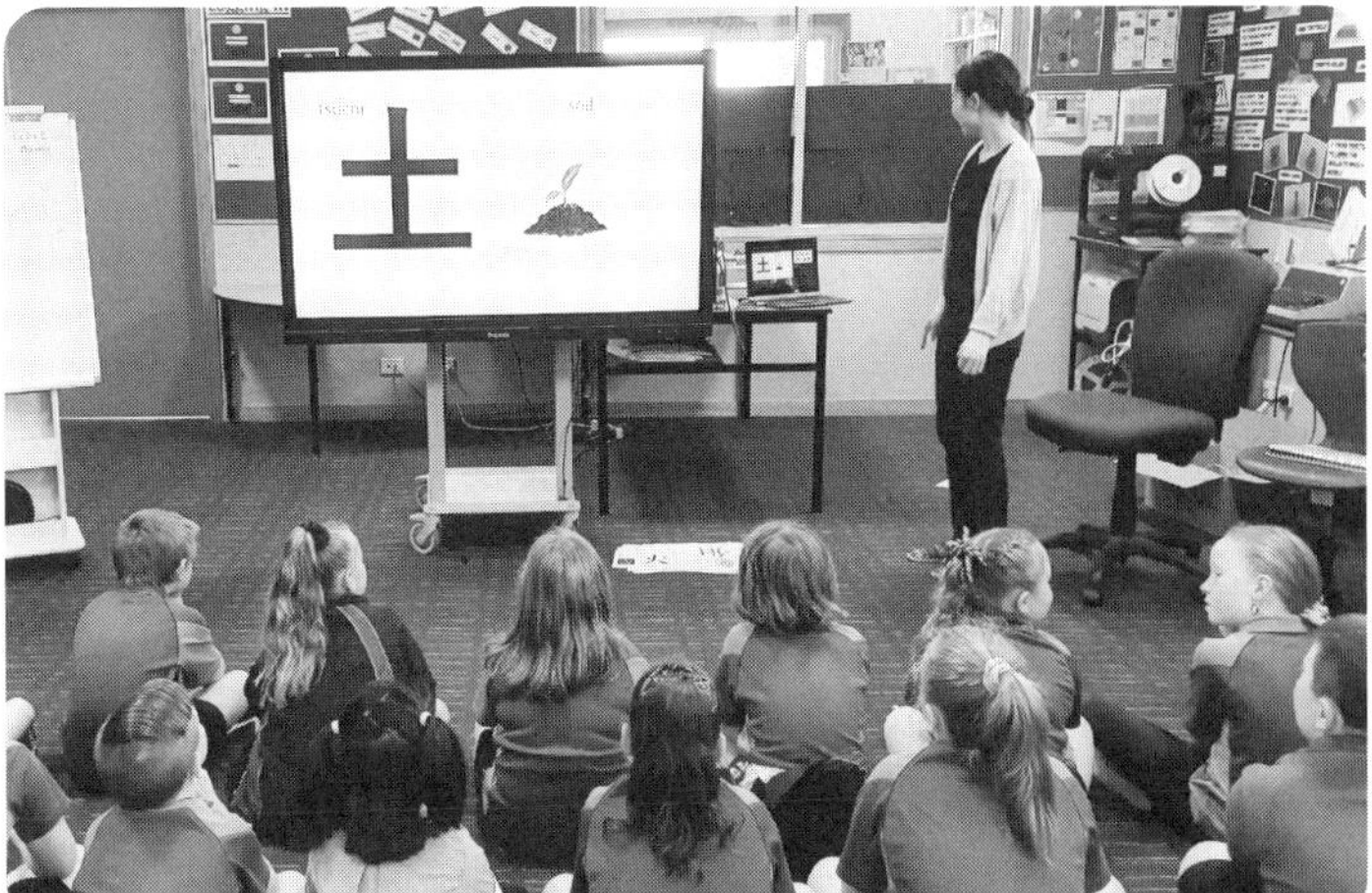

小学生の前で日本の文字について紹介

という問いは、日本語に限らず、現地の教師が共通して直面する課題だ。

教える側の一人として、折原さんもそんな子どもの疑問に答えることは少なくない。

「外国語を勉強することは、自分とは違《ちが》う世界のことを学ぶことになる。だから勉強しているんだよって、私は話しています」

教えている生徒全員が、日本語のエキスパートになって、日本で暮《く》らしたり、日本にかかわる仕事に就いたりするというようなことはない。日本語は英語などと比べて、使う人・地域が非常に限定的だから、むしろ、そんなケースは非常にまれだろう。

しかし、だからといって、日本語の勉強がむだになることは決してない。将来、覚えた日本語の単語の大半は忘れてしまっても、日本語の勉強を通して、自分の国、自分自身をふり返った経験はきっと役に立つはず。折原さんは、そう信じて子どもに向き合っている。

難しさを上回る楽しさをめざして

学習目的への疑問と同じように、モチベーション低下につながりかねないのが、日本語特有の難しさ。日本語学習の過程で、多くの人が困難に感じる段階があるという。

「平仮名です。これは、みんなの〝つまずきポイント〟ですね」

平仮名は、日本の国語の授業であれば、最初に登場する。そのイメージをもったままだと、外国人学習者もまずは平仮名から学ぶだと思いがちだが、実際はそうではないらしい。

「小学校では、平仮名は本格的には教えません。しっかり学習するのは7年生からが一般《いっぱん》的です。ほんとうにつまずくケースが多くて……。７年生で完璧《かんぺき》に書ける子は、少ないかもしれません。ちなみに片仮名は、８年生で学ぶ学校が多いです」

平仮名からつまずくとなると、片仮名もハードルが高そうだ。漢字に至ってはどうなるのだろう。

「これも学校によりますが、漢字は、中学生では一部の子が学び始めます。高校生はみんなやります。漢字はおもしろい、という生徒もいますが、難しいと感じる子のほうが多いですね」

こうした状況《じょうきょう》だからこそ、日本語学習にやる気を出しにくい子どもに、少しでも前向きになってもらえるよう、授業を工夫することが鍵《かぎ》になる。日本語に関するゲームを取り入れたり、日本文化を体験する時間を設けたり。授業を担当している現地の教師と知恵《ちえ》を

墨絵に挑戦。片仮名で自分の名前も添え、なかには漢字「牛」を書く子も

オーストラリアでも日本のキャラクターは大人気

出し合う。

「現地の先生は、目の前の児童生徒と同じように、かつて自分も高校まで日本語を学んでいたという経験がある人が多いです。また、よくあるのが、JETプログラム（日本の「語学指導等を行う外国青年招致《しょうち》事業」）で日本に2、3年住んでいたというケース。1時間の座禅《ざぜん》体験など、私もやったことのない日本文化体験をされた人もいます」

ある小学校で、ブックウィークという文化イベントが行われた時のこと。各自、自分の好きな物語のキャラクターに扮《ふん》することになっていたところ、現地の日本語の教師は「ドラえもん」の着ぐるみを着て現れた。「それ、どこで買ってきたの？　とびっくりしました。みなさん、日本のことが好きなんだってことが、いっしょにいてよくわかります」

折原さんも、子どもに楽しんでもらおうと、自分の知識や特技を総動員。ある時は、日本のお祭り「よさこい踊《おど》り」を授業で取り入れた。日本で学生時代に没頭《ぼっとう》していたから、本場仕込《じこ》みだ。授業で独特の音楽に合わせて踊《おど》りを披露《ひろう》すると、子どもも大喜び。振《ふ》り付《つ》けを教え、全員で息が上がるほど踊《おど》った。

ただ、必ずしもうまく進められる授業ばか

りではない。教師のなかには、独自の教授法で教えていて、折原さんから見ると、授業が機能していないような状況《じょうきょう》も目にすることがある。

「先生のプライドを傷つけないように改善点を伝えるのも難しいところです。自己流の教え方をしている先生には、直接提案を伝えないで、授業の半分を私に担当させてもらい、自分から気付いてもらえるような工夫をしたこともあります」

ハッとした子どもの表情に元気をもらう

工夫や努力を続ける毎日。大変なこともあるが、何より、子どもの反応が元気の源だ。授業のちょっとしたシーンも、折原さんにとって宝物のような瞬間《しゅんかん》になることがある。

「たとえば子どもが、ハッとしたような表情

みんなで鳴子を手に「よさこい踊り」を披露

書道は人気のプログラム

をすることがあるんです。例文の意味がわかった！　という顔です。ほんの一瞬《いっしゅん》ですけれど、そういうのを見るとうれしいです。何かができたり、わかったりして、ガッツポーズをする子もいます。ある生徒が、授業の後にわざわざ寄ってきてくれて、『今日来てくれてありがとう』と声をかけてくれたこともありました。特にうれしかった思い出です」

複数の学校を回っている折原さんは、一人ひとりの子どもと接する機会が、常勤の教師と比べて限られる。だからこそ、こうした場面が脳裏《のうり》に焼きつけられ、明日への力になっていく。

大好きな仕事でステップアップを

日本語学習者の力になれるように、これからも日本語の勉強をしていきたいという折原さん。国際交流基金の数あるポジションのうち、日本語指導助手に応募《おうぼ》したのは「まだまだ経験不足だから」が理由だった。さらに専門性の高いポジションも、キャリアアップの視野に入れている。

しかし、気負いは感じられない。

「今、とても楽しいです」と言い切る。「それに私、日本語マニアなんです。学習者の日本語を分析《ぶんせき》するのが好きで。それも楽しいんです」。

日本語教師であり続ける限り、分析《ぶんせき》する素材には事欠かない。自然体の笑顔《えがお》には、「この仕事が好きでたまらない」という思いがあふれていた。

着付けの授業で日本文化に親しむ

ドキュメント 2 日本の大学で日本語教育に取り組む日本語教師

教師の人材育成、教材開発も多文化共生社会の実現をめざして

青山学院大学文学部《あおやまがくいんだいがくぶんがくぶ》
日本文学科《にほんぶんがくか》准教授《じゅんきょうじゅ》
田中祐輔《たなかゆうすけ》さん

取材先提供（以下同）

田中さんの歩んだ道のり

神奈川《かながわ》県生まれ。就学前から小学校低学年にかけて、日本語教師の父親の赴任《ふにん》にともない中国《ちゅうごく》・大連《だいれん》で暮《く》らす。幼くして第二言語を学んだ経験と父親の姿から日本語教師に魅力《みりょく》を感じ、将来の職業に選んだ。筑波《つくば》大学、早稲田《わせだ》大学大学院（日本語教育学）で学ぶ。大学講師や研究機関研究員を経て現職。中国やヨーロッパでの教育経験も。

留学生に日本文化を伝える

大学で教鞭《きょうべん》をとる田中祐輔さんは、日本語教育には三つの視点があると考えている。

「一つは、教える視点。一つは、国際文化交流の促進《そくしん》。最後の一つは、多文化共生社会の基盤《きばん》づくり。これらを信条に教育にあたっています」

田中さんは、前職の東洋《とうよう》大学国際教育センターで、留学生の受け入れや日本語講座の運営にかかわった。着任したのは、同大学が留学生を3000人レベルにまで増やすことを目標に据《す》え、動き出したばかりのころ。それから7年半、同センター教員として、日本語を教えるだけでなく、学生の交流にも力を注いだ。田中さんの信条には、そこでの経験がにじみ出ている。

「教えるということは、言葉・文化・社会・歴史などを総合的に伝えるということ。つぎの国際文化交流は、千年以上も続く国際的な取り組みですが、日本語教育もまた、日本語人材の育成という側面から人と人との交流を支えてきました。そして多文化共生社会の基《き》盤《ばん》づくり。その実現は近年、ますます重要になっています。日本で生活するさまざまな方々が安心して暮《く》らせる社会づくりに、日本語教育が果たす役割は小さくありません」

2021年春、青山学院《あおやまがくいん》大学に移ってからは、留学生に日本語を教えるだけでなく、日本語教育人材の育成や、教材開発に費やす時間も増えた。そこでも、これら三つの視点は常に念頭に置いている。

日本語教師の父と中国で暮《く》らす

田中さんは、日本語教師という仕事を幼いころに知った。高校教諭であった父親が中国の大学で日本語を教えるという、その後の人生に影響《えいきょう》を与《あた》える出来事が起こったからだ。

「1989年、私がまだ幼稚園《ようちえん》時代のことでした。父が日本と中国との国際友好事業で、中国の大連外国語大学に日本語教師として派遣されることになりました」

父親の判断で、母親や幼かった田中さんも含《ふく》む家族全員で赴《おもむ》くことになった。2年間の中国生活が始まった。

日本語の読み書きもまだ本格的に学んでいなかった田中さん。突然《とつぜん》、目の前の世界が中国語に変化し、生活していくために中国語を使いこなせるようになる必要に迫《せま》られた。

ホンリンジンを首に巻いた小学校時代の田中さん

「やがて小学校に入学しました。やはり、中国語で学校の勉強をするのは簡単ではありませんでした。先生は、取り出し授業、つまり正規の授業の行われている時間に私を〝取り出し〟て、中国語を教えてくださいました。上達したのは、先生方にていねいに指導していただいたおかげです」

帰国する半年前には「ホンリンジン（紅領

巾）」という赤いスカーフを与《あた》えられた。当時は成績優秀者《ゆうしゅうしゃ》しかもらえないもの。現地の児童にとってあこがれの対象で、中国語をほんの少し前に勉強し始めた日本人の田中さんがその栄誉《えいよ》を受けるのは快挙だった。

「先生が、中国語を一生懸命《いっしょうけんめい》に教え育ててくださったおかげでした。友だちも、とても応援《おうえん》してくれました」

　多くの人のはげましに応えがんばっていた当時、父親の仕事にふれる機会にも恵《めぐ》まれた。

「授業を見学するチャンスもときどきありました。忘れられないのは、そこで学んでいた学生さんたちが非常に学習意欲の高い人たちだったということです。そうした学生さんに囲まれ、父もとてもやりがいがあったと思います」

　学生たちは、朝6時ごろから夜までびっしり、それこそ24時間、日本語の勉強のことを考えているような感じだったという。

「父と学生さんたちは、単に教師と学生という関係だけでなく、人としての交流もありました。私はまだ幼い子どもでしたが、直観的に意義深い仕事だなと思いました」

　田中さんは帰国後、日本の小学校に転入したが、今度は、日本語をあらためて勉強する必要があった。海外で過ごしたことで、日本語を忘れ、ほかの児童に後れを取っていたからだ。

「日本人ではありますが、いわゆるＪＳＬ(Japanese as a second language）児童に近い状態になったわけです。日本語を母語とせず第二言語として学ぶ子どものことです。小学校時代、中国の先生方から中国語を教えていただき、帰国してからは、日本の先生方から日本語を教えていただきました」

第二外国語を学ぶという挑戦《ちょうせん》を子どものころに2度も経験し、それぞれ、献身的《けんしんてき》な先生に支えられた。そして、父の姿から日本語を教える魅力《みりょく》も感じた。将来の職業として、日本語教師になろうと決めたのは自然な流れだった。

大学教員として留学生と後進を指導

現在、田中さんは大学で留学生に日本語を教えている。これはまさに〝日本語教師〟としての仕事だ。このほかに、日本語教育の専門家としての仕事もある。日本語教師をめざす学生に日本語教育学などを教えること、そして、日本語学習者が使う教材を開発することだ。

田中さんが大学で担当する授業は、主に留

留学生に対する授業のようす

学生の科目と、日本語教育人材育成のための科目に大別される。

「たとえば、私の仕事の一日はこんな感じです。2限のアカデミック・ジャパニーズ（学術的な場面で用いる日本語）の授業から始まり、そのつぎの時間は日本語教育学、さらにつぎはゼミ。授業が終わると、学生の相談や依頼《いらい》を受け対応したり、教務にかかわる仕事をしたりします。繁忙期《はんぼうき》でなければ午後5時か6時ごろには仕事を終え帰宅します」

年間の仕事の流れも、ほかの大学の先生と同じだ。ゼミをもっているので卒業論文の指導がある。入試があればそれにもかかわる。

田中さんならではの仕事は、留学生へのケアだ。来日後のオリエンテーションや在学中の対応もある。日本でキャリアをつくっていくためのサポートにも回る。

ほかの職種との多彩《たさい》な連携《れんけい》

教材開発では、他分野の専門家と連携《れんけい》する機会が特に多い。

「日本語教育は、文法、語彙《ごい》、教授法など細かく分野が分かれています。漢字なら漢字教育、文法なら文法教育の専門家がいます。私の専門は語彙教育や教材開発、日本語教育史ですが、優れた教科書をつくるには、複数の専門家が協力しあう必要があります」

教材は、書籍《しょせき》にとどまらず、オンライン教材や映像教材にも広がっている。それらの制作には、日本語教育以外の各種専門家の技術が必要だ。

録音や動画撮影《さつえい》時は専用のスタジオにも足を運ぶ。たとえば、英語を外国語として学習する時、会話を聞いてリスニングや発音の練習をするように、日本語学習でもネイティブスピーカーの会話の音声、動画が有効だ。田中さんは、お手本となる会話や表現を、日本語教育の専門家として監修《かんしゅう》する。

「日本語教師は、他業種との連携《れんけい》機会が比較《ひかく》的《てき》多い仕事ではないでしょうか。私もこうした作業を通して、撮影《さつえい》や映像編集、音響《おんきょう》といったスタジオの仕事に理解が深まりました」

　他業種とのコラボレーションの機会はほかにもある。たとえば、新たな在留資格「特定技能」の周知普及《ふきゅう》を目的とした動画制作でも企画《きかく》・監修《かんしゅう》をした。この時もスタジオでの動画制作の現場でディレクターなどに助言を行った。多文化共生社会づくりにつながるこのような社会貢献《こうけん》活動にも力を入れる。

監修した外国人材向け番組のスタジオでの撮影に立ち会う

日本語試験問題制作のための録音風景

多文化共生のための配慮《はいりょ》

日本語を教えることから始まり、日本語教育人材の育成、教材開発まで広がった現在の活動。ただし、田中さんにとってもっとも注力する仕事は、初期から行っている「クラスをもつこと」という。

「大学で留学生を教えるクラスは特に、地球がそこにあるというか、地球を凝縮《ぎょうしゅく》したようなものなんです。とにかく多様。母語も、年齢《ねんれい》も、国籍《こくせき》も。それはとてもおもしろい点なんですが、さまざまなコンフリクト（衝《しょう》突《とつ》）が起こる可能性もあります。注意しないといけないんです」

日本語教師としての力量が試されるのは、単に日本語の教え方だけではないようだ。

「教師の配慮《はいりょ》が欠けていると、たとえば人種の観点からの差別的な表現が学習者などから出てしまい、当事者を不快にさせてしまうことがあります」

田中さんが実際に受けもったクラスでつぎのようなことがあった。ある留学生が、自分の国とは違《ちが》う韓国の文化を紹介《しょうかい》するなかで、Kポップやそのダンスを披露《ひろう》した。出席していた韓国の留学生が、その歌い方に差別的なものを感じた。発表した留学生にそうした悪意はなく、ほかの国の留学生も特段気に留めなかったが、韓国の留学生にとっては見過ごせない表現だった。

これは、国語教育と日本語教育の違《ちが》いでもある。国語教育では、学習者は日本語を母国語とする人が一般的には多い。クラスを構成するのは同学年の日本人である場合が多く、こうした問題は比較的《ひかくてき》起こりにくい。

日本の食文化体験アクティビティで留学生と

一方、日本語教師が活躍《かつやく》する日本語教育の場面では、属性が多様な人たちが集う。学習者全員が気持ちよく学習できるような「配慮《はいりょ》」、「雰囲気《ふんいき》づくり」が求められる。人格まで試されるといっても言い過ぎではない。

「日本語教師であれば誰《だれ》でも、多様性に直面しています。それについては私も毎年、勉強しているところです。難しいですが、知識と理解と対話で乗《の》り越《こ》えられることでもあります。本を読んで学ぶだけでなく、彼らとの出会いを通じて経験を重ねることが大事だと思っています」

学習者の人生に残す前向きなインパクト

教室は教師としての人間性まで試される挑戦《ちょうせん》の場所だが、仕事へ向ける情熱や力もまたそこから湧《わ》いてくる。

「ある時、留学生たちが、日本で生活した経験をまとめたドキュメンタリー動画をプレゼントしてくれました。それぞれが日本に来て各国からの留学生と出会い、ほかのどこでもないこの日本で人生を豊かにしたことが描《えが》かれていました。多文化共生社会が人びとを豊かにする。それこそ私が教室で彼らに伝えたかったことで、とてもうれしかったです」

学習者の一人ひとりが、日本語学習で人生を転換《てんかん》させている。文化的な交流をもち、精神的な豊かさを手に入れるだけでなく、日本語が上達することで、就職の機会が得られて、世界に雄飛《ゆうひ》する人もいる。彼らのがんばりを間近で見守り、キャリアを築いていくプロセスをサポートできるのは、日本語教師ならではだ。田中さんは、幼いころに父の背中を通して知った日本語教師の魅力《みりょく》を今、深く実感している。

日本語教師という職業の良さを伝える時、田中さんは、もっと視点を広げて紹介《しょうかい》することがある。持続可能な開発目標（SDGs）との関係だ。

「SDGsが話題になっていますが、その複数の項目に、日本語教師の仕事は合致《がっち》しています。日本語教師として活動することで、これらに貢献《こうけん》できる可能性が十分にあります」

質の高い教育をみんなに。住み続けられるまちづくり。平和と公正をすべての人に。パートナーシップで目標を達成しよう――。これらは、田中さんの信条とも重なっている。言語教育にたずさわり、異なる言語をもつ人同士のコミュニケーションを円滑《えんかつ》にし、多文化共生社会の実現を支えるという信条だ。それが近年、SGDsという形で明文化されたことで、田中さん自身のやりがいもいっそう高まった。

どんな人でも日本語教師として貢献《こうけん》できる

日本語教育の視野をSDGsのような規模まで広げて考えると、日本語教師にはできることがたくさんある。その分、さまざまな特性を発揮できるといってもいい。後進の指導もしている田中さんは言う。

「日本語教師という仕事は、社交的な人が向いていると思われるかもしれません。しかし、それが苦手な人も活躍《かつやく》できます。実際に、おとなしいけれども、すばらしい教材をつくって貢献《こうけん》している人がいますし、授業をやったら天下一品という人もいます」

職業選びにつきものである「向いているのはどんな人か」という問い自体、意味をなさ

開発にたずさわった国内外の日本語教科書

ないかもしれない。日本語教師に興味をもった若い人に向けて、田中さんが発したメッセージはこうだった。

「日本語教育の視点は、私たちに言葉や文化を客観的に見つめ直すきっかけを与《あた》えてくれます。また、みなさんが世界に雄飛《ゆうひ》されるさいに、みずからの言葉や文化に関する知見を有していることはとても大切です。さらに、日本語教育を通した国際文化交流や、持続可能な多文化共生社会構築のための総合的考察は、人びとと協力し合いながら取り組む力の育成につながります。日本語教育に関心をもつ方はもちろん、将来、グローバルな仕事に取り組みたい方、異文化理解や国際交流に関心のある方もぜひ、日本語教育にふれていただければと思います」

ドキュメント 3 海外で日本語教師を指導する日本語教師

教師と学習者両方に向き合う「平和への第一歩」となる仕事

国際交流基金《こくさいこうりゅうききん》
ケルン日本文化会館《にほんぶんかかいかん》
松浦《まつうら》とも子《こ》さん

取材先提供（以下同）

松浦さんの歩んだ道のり

富山《とやま》県出身。20代は児童文学作家として活躍《かつやく》。日本語教師をめざし勉強を始め、日本語教師の職種で青年海外協力隊に応募《おうぼ》、１９９１年から中国に派遣《はけん》される。任期後も通算約12年間中国で教えた。国際交流基金に所属し、２００８年から世界の日本語教師が集まる日本語国際センターで講師を務める。２０１１年から中国、２０１４年からタイ、２０１８年からはドイツで勤務。

ドイツで日本語を教える

荘厳《そうごん》な大聖堂があることで知られるケルンは、ドイツの主要都市の一つ。ベルギーやオランダとの国境が100キロ圏内《けんない》と近いだけでなく、ヨーロッパのほぼ中央にあることから各国へのアクセスが比較的《ひかくてき》よい。

そのケルンに、松浦とも子さんが働く「ケルン日本文化会館」がある。日本文化を紹《しょう》介《かい》する拠点《きょてん》で、美術展を開いたり、映画を上映したりしている。日本語書籍《しょせき》を集めた図書館があるほか、日本語の講座も開かれ、約200人が学んでいる。

松浦さんのここでの立場は、現地の日本語教師を支援《しえん》する「上級専門家」。国際交流基金が海外に派遣《はけん》している日本語教育のプロフェッショナルだ。会館にはほかに、「専門家」として同様に国際交流基金から派遣《はけん》された1人、現地の日本語教師も1人いる。この3人で日本語教育関連の仕事を協力して進めている。

3人の主な仕事は、現地で活動する日本語教師への研修。そのほか、ドイツ語圏《けん》を中心にした調査などもある。調査テーマは、それぞれの国の日本語教育の状況《じょうきょう》や学習者のニーズといったものだ。

松浦さんは、これに加えて日本語学習者に教えることもあえて続けている。

「自分が学生に教えることから離《はな》れてしまうと、難しいことも出てくるので。人によって違《ちが》いますが、私は教えるほうがいいかなと思うのでクラスももっています」

日本語教師としての豊富な経験と知識を活かし、現地の日本語教師と学習者の両方に向

ケルン日本文化会館のある、ドイツ・ケルン　　提供：国際交流基金（JF）

き合い、日本語教育の向上に力を尽《つ》くしている。

児童文学作家からの転身

日本語教育の専門家、しかも上級職の立場で働く松浦さん。ただ、キャリアは日本語教師一直線だったわけではない。社会人になって少し経つまで、意外な道を進んでいた。児童文学作家という道だ。

「上京して20歳《さい》の時に、自分の作品を運よく出版することができたんです。仕事をしながら、何冊か子ども向けの本を出しました。わりと社会とつながるような作品を書いていて。おじいちゃんのお話とか、女性が働くことに関するものとか」

作家として作品も世に送り出し、20代《だい》ですでに夢《ゆめ》の仕事をスタートさせていた。そんな松浦さんが、人生の進路を変えるきっかけは、ふと抱《いだ》いた疑問だった。書くことで社会に何ができるのか。このまま児童文学作家として過ごしていくことへの迷いが、心の中で広がっていた。

「書くことは好きだったんですが、仕事の意義みたいなものを考え始めたんです」

ちょうどそのころ、思い立って英会話を習っていた。教えてくれていたアメリカ人の講師を通して、アメリカという国や文化を知ることがあり、言葉を教える仕事っていいな、と感じるようになっていた。

そして同じころ、青年海外協力隊で日本語教師の職が募集《ぼしゅう》されていた。まさに、興味をもち始めていた「言葉を教える仕事」だ。経験はなかったが、挑戦《ちょうせん》してみることにした。

20代後半であった松浦さんは、日本語教師になるための勉強と並行《へいこう》して、協力隊の試験を受けてみると結果は採用。中国に派遣《はけん》されることになった。

日本語教師は、資格制度が確立されていない。現在、「なり方」はおおむねつぎの3パターンがあるといわれている。一つは、大学で日本語教育を専攻《せんこう》か副専攻《ふくせんこう》で学ぶ。二つ目は、日本語教育能力検定試験《にほんごきょういくのうりょくけんていしけん》を受けて合格する。三つ目は、専門学校で４２０時間のコースを修了《しゅうりょう》する。

松浦さんが日本語教師になろうと思い立った当時は、大学や専門学校には日本語教育のコースはほとんどなかった。そこで、日本語教育の書籍《しょせき》を買ってきて独学。検定試験を受けて合格した。日本語教師として知っておくべきことは、試験勉強をしながら自分で身につけていった。

現地の先生をサポートする

現地の日本語教師に教えることは、日本語のエキスパートならではの仕事だ。勉強会に招かれることもあれば、研修を主催《しゅさい》することもある。

勉強会は、各地の日本語教師が主催《しゅさい》する不定期の集まりで、そこに講師として招かれる。ドイツ以外にも出張する。一方、主催《しゅさい》研修は年に3回ほどのペースで行っている。参加者は、2020年からは新型コロナウイルスの影響《えいきょう》によりオンライン開催《かいさい》に切《き》り替《か》わったことで、70人ほどにまで増えている。

現地の日本語教師は、ドイツ人もいるものの、割合としては、日本人のほうが多い。現地在住の日本人だ。

日本人の日本語教師は、日本語教育を以前から専門にしていた人もいれば、そうでない人もいる。たとえば、日本語教師としてではなくヨーロッパに来たが、現地で結婚《けっこん》、定住することになり日本語教育を新たに志した人。音楽の都・ウィーンの参加者からは、「音楽が専門です」とか「専門でした」というような声も聞く。

「日本語教育が専門でなかった人も、みなさん、いい教師になりたいじゃないですか。だから一生懸命《いっしょうけんめい》学ばれていますね」

一方、日本人以外の現地の日本語教師は、大学で日本学を勉強して教えている人が多い。大学のほか、中等教育（中学や高校）で教えるケースもよく見られる。ヨーロッパはもともと、さまざまな言葉を話す文化圏《ぶんかけん》。中等教育から第二言語としてさまざまな言語が学ばれているから、その分、日本語教師の活躍《かつやく》の

ドイツの日本語教師に向けた研修会のようす

場がある。

日本語教師向けの研修内容は、漢字、文法、文形などさまざまだ。特に人気があるのは、漢字の教え方。

「漢字圏《かんじけん》ではない国の人たちに漢字というハードルをいかに楽しく超《こ》えさせてあげられるか。これは、やっぱり一つの大きな課題ですね。日本語教育のなかでは、漢字の教え方を専門に研究している方もいます。漢字教育研究会というのもあるんですよ。研修では、そうした専門家を講師に招くこともあります」

教えるために続ける授業

松浦さんは週に1回、同会館の日本語講座で学習者にも教えている。担当することの多い中級のクラスは、10人程度が学ぶ。夜の講座のため基本的に成人だが、大学生から高齢《こうれい》者《しゃ》まで、いろいろな人が集まっている。日本のように、ビジネスマンが集まる講座、高齢《こうれい》者《しゃ》が集まるクラス、といった区切りがない。

「そこがすごいと思います。こちらだと、一つのクラスに、高校生みたいな人のおとなりにおばあちゃんがいたりして、おもしろいです」

上級専門家の松浦さんが、あえて学習者の授業を担当している理由は、こうした国による雰囲気《ふんいき》の違《ちが》いにある。

「私は中国と日本、それにタイ、ドイツで教えてきました。気付いたのは、その国々によって、人の学習スタイルが違《ちが》うということです。どういうふうに育ってきたかも違《ちが》います。そうした違《ちが》いは、自分で教えてみて知ることができるんです。そういう共有できるものがあって、はじめて先生に教えることができる。

文化講座で行った巻き寿司体験

ぜんぜん知らないで教師教育はできないと思っています」

ちなみに、ドイツの学習スタイルの特徴《とくちょう》は、「すごく積極的に質問してくること」のようだ。

「どんどん質問を投げられますね。グループ活動も好んでやってくれる。盛《も》り上《あ》がり、深く教え合う。そういう意味ではやりやすい。……やりにくい点は、個人の主張が強いことでしょうか。それこそ『私はこれだけやりたい』とか『漢字はやりません』とか、そう言ってくる人が多いかな」

教師と学習者に役立つことを常に考えて

松浦さんの勤務日は、基本的に平日。ただし、勉強会や研修は週末に設定されることが多く、その場合は週末も働く。

平日は、夜の日本語講座を担当する日とそうでない日で、勤務時間が異なる。講座担当の日は、午前11時から午後9時まで。担当しない日は、午前9時から午後5時までといった感じだ。基本的に残業はない。

平日の講座以外の時間帯は、さまざまな業務をこなしている。研修の準備、講座の教材づくり、調査(レポート執筆)……。日本語教師から教え方についての質問がメールで寄せられることもあり、その相談に返信することにも時間を割く。

3カ月に1回のペースで、会館から各地の日本語教師向けにニュースレターも発信している。

「情報があふれている時代ですが、忙《いそが》しいなかで先生たちが質のいい情報を手に入れるのは難しい。こういういいサイトがあるよとか、新しいアプリが出たよとか、そういう情報をどんどん流すようにしています。先生たちの役に立つこと、学習者の役に立つこと、それを常に考えて、情報を探して発信しているという感じですね」

主催《しゅさい》研修は1年を通して3回行っている。これとは別に、経験が3年未満の教師に向けても、一から学べる研修を設けている。年8回コースで、現地で日本語教師になろうと思い立った人の学びの場になっている。

1年のうち、業務が立《た》て込《こ》むのが夏と冬だ。学習者向け日本語講座が、年2回運営されていて、特にコースの終わりごろは、試験を実施《じっし》したり、成績を出したりしなければならないからだ。松浦さんは、全体の運営もしているため、そのころは少し慌ただしくなる。

日本文化の体験授業を学習者に届けようと、その道の専門家を講座に呼んでくることも少なくない。

「言葉だけじゃなくて、文化を含《ふく》めて伝える、楽しんでもらうことが、日本語教師の仕事だと思います。こちらにも、書道とか太鼓《たいこ》の専門家の方がいらっしゃるので、授業について相談したりしているんです。そうした連携《れんけい》は大切ですね」

中学校や高校生で教えている日本語教師からの依頼《いらい》で、文化の専門家の出張をコーディネートしたりすることもある。

学習者と同じ方向をめざして進む

松浦さんは、日本語教師をしていて、つらいと思ったことはない、と言い切る。もちろん、辞めようと思ったこともない。

ただ、仕事が簡単かといえばそうでもなく、

文化講座での書道体験

学習者の質問に即答《そくとう》するには経験が必要、と教えてくれた。「これとこれの違《ちが》いは？」と学習者から聞かれて、その場で答えるのは意外と難しい。どうしてそういう時にこういう言葉の使い方をするのか、それまでに考えたことがないと、正解が思《おも》い浮《う》かばず、「だいたい同じ」などと答えることになってしまうからだ。

「質問されて、あらためて考え直して、調べて、授業に行く、ということのくり返し。すぐに答えられるようになるためには時間がかかります。もちろん、経験を積んでくると、このへんでこんなことを聞かれるなとわかってくるので、だいじょうぶなんですけどね」

日本語教師をしていてよかったなと思った経験はいくつもある。ただ、場所や時代によって、事情は異なっている。

たとえば、中国にいた1990年代。現地はまだ発展の途中《とちゅう》で、今の中国とは違《ちが》っていた。何しろ人口が多いため、外国語を学んでマスターすることが就職や生活に直結するという状況《じょうきょう》にあった。

「農村から都会に出てきた人が日本語を学び、日系企業《きぎょう》で働くことになって、生活がぐんとよくなった。学習者がチャンスをつかむのを目の当たりにして、やってよかったなと思いました」

現在、仕事をしているドイツなどではそうした状況《じょうきょう》ではない。しかし、別のやりがいがある。

「日本が好きで、とか、日本に旅行に行ったけど良かったわ、なんて声をよく聞きます。年をとっても学んでいるヨーロッパの学習者の姿勢を見ると、もっと楽しい時間を提供したい、と思いますね」

当時の中国と、今のドイツ。それぞれ学習者の動機や教師に求められることは異なるが、それに応えることが、日本語教師の難しさであり、やりがいにもなるだろうと松浦さんは話す。

「その人の将来のために、日本語をガンガン教《おし》え込《こ》むということが必要とされていれば、それに応えるし、『そこまでは必要ないのよ。でも私はこの時間を楽しみたいのよ』という人がそこにいれば、そういう時間を提供したいなと思います」

日本語教師が寄与《きよ》できる「平和」への一歩

長年この職業を続けてきて、今、松浦さんは何を思っているのか。

「結局は人と人。日本に興味をもってくれて

ケルン日本文化会館　©Japanisches Kulturinstitut Köln

いる外国の方がいて、言葉でつながる。私は、それが平和の第一歩だと思っています」

今後は、自身が経験してきたことを活かし、後進の指導にもっと取り組むつもりだ。日本語教師をめざしていない若い人へも伝えたいことがある。

「大学での主専攻《しゅせんこう》でなくても、日本語教育を勉強しておくとよいかもしれません。日本もこれから、どんな職場でも海外の方がいるような環境《かんきょう》になってきます。日本語の知識が、彼らとわかり合うための助けになるかもしれません」

異なる文化の人との相互《そうご》理解に役立つのは、外国語学習だけではない。母国語の学習も大きな力になることを、松浦さんは身をもって実感している。

2章

日本語教師の世界

日本語のプロとして多様な学習ニーズに応える

日本語教師は「世界平和に貢献《こうけん》できる仕事」

日本語教師とは文字通り、日本語を教える人です。学習者の目標を叶《かな》えるために指導し、彼らに伴走《ばんそう》します。しかし、教えるのは日本語という言語に留まりません。書道といった日本文化など、言語以外の事柄《ことがら》も合わせて「日本」を伝えている日本語教師が数多くいます。

言語は、異なる言語圏《げんごけん》の人同士がコミュニケーションを図るための大切なツールです。そして、その言語を使ったり学習したりすることを通して、相手の文化や社会を知り、たがいを深く理解することができるようになります。理解の欠如《けつじょ》は疑心暗鬼《ぎしんあんき》を生み、いさかいを助長させますが、言語学習はそうした芽を摘《つ》み、友好な関係を築くきっかけをもたらしてくれます。

日本語教師はこのような営みに参加し、人と人とをつなぎ、異なる文化との出会いを運ぶことができます。おおげさな表現ではなく、「世界平和に貢献《こうけん》できる仕事」でもあるのです。

日本語って、国語とどう違《ちが》う？

ところで、ここで話題にしている「日本語」は、小中学校や高校で学ぶ「国語」と、いったいどう違《ちが》うのでしょうか。「そういえば、学校の国語の授業で学んでいるのは、日本語だな……」とひっかかった読者のみなさんもいるかもしれません。国語を教える先生は国語教師と呼ばれ、日本語教師とは言われませんし、逆もまた然りです。

「国語」は、日本語を母語としたり、すでにある程度身につけたりした人を対象にしています。たとえば、国語の勉強を始める小学校1年生を思《おも》い浮《う》かべてみましょう。字は書いたり読んだりできないとしても、日本語を使った会話で意思疎通《そつう》ができるレベルにあります。語彙《ごい》も基本的な文法も生活のなかで覚え、応用もできます。つまり、日本語を一定程度、すでに身につけているわけです。

一方、「日本語」は、日本語を母語とせず、0から学ぶ人を対象にしています。会話を聞いても文字を見ても、まったく理解できない人から対象に含《ふく》みます。たとえば、母語にはない発音が日本語にあった場合、その発音自体に口の動きや耳を慣れさせることが必要となります。学ぶ事柄《ことがら》もそれらを学ぶ順番も、「国語」とは違《ちが》う工夫が必要となります。

日本語を教えるプロフェッショナルとして

このように、同じ日本語という言語を学ぶといっても、国語と日本語とでは性質が異なります。同様に、国語を教えることと日本語を教えることも別ものです。このことは、日本語教師の仕事にとても大きな意味を与《あた》えています。

日本語を母語としない人から「日本語を教えてください」と言われた時、あなたははたして教えることができるでしょうか。日本語を母語とする人なら――ここでは簡単に日本人と表現しておきますが――誰《だれ》でも日本語を教えることは一定程度、可能です。発音は正確だし、会話のキャッチボールもお手のものでしょう。

しかし、こんな質問をされたらどうでしょうか。

「『教えていただけますか』と『教えてくださいませんか』の違《ちが》いは何ですか」

日本語は国語の授業で学んだだけという人にとって、これはなかなかの難問だと思います。こうした質問にも、日本語教師であれば答えられます。日本語を言語として学んで理解し、日本語を母語としない人たちに教える術を習得した人だからです。

日本語教師は、「日本人だったら誰《だれ》でもできる仕事」ではありません。もちろん、誰《だれ》にでもその道は開かれていますが、相応の学習と訓練を積んではじめて、学習者にとって有益なサポートができるようになります。そのため、外国語を母語としながら日本語教師として活躍《かつやく》している人も数多くいます。日本語教師は、専門性の高いプロフェッショナルの仕事なのです。

学習者ニーズの多様化

文化審議会《ぶんかしんぎかい》国語分科会「日本語教育人材の養成・研修の在り方について（報告）改定版」によると、日本語教師は現在、「日本語

図表1 日本語教育人材の役割

①日本語教師	日本語学習者に直接日本語を指導する者
②日本語教育コーディネーター	日本語教育プログラムの策定・教室運営・改善を行ったり、日本語教師や日本語学習支援者に対する指導・助言を行ったりするほか、多様な機関との連携・協力を担う者
③日本語学習支援者	日本語教師や日本語教育コーディネーターとともに学習者の日本語学習を支援し、促進する者

文化審議会国語分科会資料より

教育人材」の一つと位置づけられています（図表1）。日本語教育人材にはこのほか、日本語教育コーディネーター（地域日本語教育コーディネーター、主任教員）と日本語学習支援者《しえんしゃ》が含《ふく》まれます。

日本語教育にかかわる人材をこのように広くとらえて細分化している背景には、近年の学習者の多様化や、在留外国人の増加などがあります。

この資料では、日本語教師が教える対象者を、つぎのようにあげています。「生活者としての外国人」「留学生」「児童生徒など」「就労者」「難民など」「海外の学習者」です。いずれも、日本語を母語としない日本語学習者ですが、分けてみると、分類はこのようになります。

日本に留学してきた人、海外の学習者は、日本語を学ぶ人として想像しやすいかもしれません。しかし現在では、仕事のために日本で暮《く》らしている外国人（就労者）や、その家族といった非就労の外国人（生活者としての外国人、児童生徒など）が増え、難民への支《し》援《えん》も注目されています。

日本語学習者はこのように多様です。そのため、日本語教師は日本語教育人材の一員として、ほかの二つの役割と協働しながら、学習者の支援《しえん》にあたることが求められています。

いろいろな日本語

学習者が多様化することで、個々の学習目的も同様に多様化しています。日本語教師は、それぞれのニーズに合わせて指導を工夫します。同じ日本語でも、使う場面や人によって形が違《ちが》うからです。

たとえば、大学などの研究場面で必要となる日本語と、ビジネスシーンで使われる日本語は、頻繁《ひんぱん》に使われる語彙《ごい》をはじめとして趣《おもむき》が異なります。小学校などで使われる日本語がそれらとはまた違《ちが》う性質であることも、想像に難くないでしょう。

英語学習で、「ビジネス英語」「日常英会話」など、シーン別の書籍《しょせき》や講座があるように、学習分野としての日本語にもさまざまな種類があります。学習者が、何を目的に日本語を学ぶかによって、日本語教師が教える内容も変わってきます。近年、外国から人材を多く招いている介護《かいご》分野など、ある職業に特化した日本語教育を手がける日本語教師も増えています。

成り立ちと歴史

国際情勢や社会の変化に翻弄 日本語教育の負の歴史も経験

始まりは宣教師や外国に漂流した日本人

日本語教師は職業として存在していますが、国家資格のような確立した認定制度はありません。ともすれば、日本語を教えているというだけで、そう名乗ることもできてしまうのです。

日本語教師の歴史を知るため、ここでは「日本語を母語としない人に、日本語を教える活動」の歴史をひもといていきましょう。古くは日本にキリスト教を伝えた宣教師、漂流して外国にたどり着いた日本人など、多様な人たちがその役割を果たしてきたことがわかります。

日本語教師の歴史はまた、日本語教育の歴史とも重なります。日本語がいつ、どのような人によって、どんな人に、どのように教えられていたのかという歴史です。この日本語教育は、国際情勢や社会の変化によって規模や方向性が左右されてきました。これにたずさわる日本語教師もまた、性格や役割を変化させながら現在に至っています。

記録が残る起源は13世紀

「日本語を母語としない人に、日本語を教える活動」の起源として定説になっているのが、13世紀の朝鮮《ちょうせん》です。1414年に「司訳院《しやくいん》」で日本語教育が始められた記録が残っています。

司訳院は、通訳を養成したり語学教材をつくったりする公的機関で、朝鮮の周辺国の言語を学習する場所となっていました。日本語もその言語の一つとして学ばれました。教材を用いて人材を養成していたこの機関の性質から、日本語教師が存在していたことがうかがえます。

日本国内では、外国人の来日が日本語学習の契機《けいき》になりました。特筆すべきは宣教師の存在です。16世紀から17世紀にかけて来日した彼らは、布教にあたって日本語の習得が必要でした。そこで、目の前の地域住民の言葉に耳を澄《す》ませたり、文字に目を凝《こ》らしたりして、日本語を学習していきました。

その時に、結果として日本語教師のような役割を果たしたのが、彼らのまわりにいた地元住民ら日本人です。なにしろ、今のように宣教師の母語に対応した日本語の教材はありません。宣教師たちは、目の前の住民たちに、その場で言葉の意味を質問しながら学んでいったと考えられます。

宣教師のなかからはまた、習得した日本語能力を活かして、後に辞書や教材をつくったり、日本語を教えたりする人も出てきました。はじめは学習者だった人が、後進のために教師の役割を担うようになったのです。

鎖国《さこく》時代にも いた〝日本語教師〟

鎖国《さこく》時代に入ると、日本での宣教師の活動は終息《しゅうそく》します。しかし、日本語学習、日本語教師の活動がまったくなくなったかというとそうではありません。この時期にも、外国の一部の地域では日本語学習が行われていました。

組織だって教育が行われていたのは、ロシアです。１７００年代に、日本語学校が設置されました。ヨーロッパではじめての日本語学校だったといわれています。この時期に、どうしてロシアに日本語学校が置かれたかというと、当時の大帝《たいてい》ピョートル１世が日本との通商をめざしていたからだったようです。

しかし、鎖国中《さこくちゅう》の日本から教師を直接招くことはできません。そこで白羽の矢が立てられたのが、漂流してロシアにたどり着いた日本人でした。ロシアは彼らを日本語教師に任命し、ロシア人の指導にあたらせました。

これらの日本人は流れ着いた異国で、単に日本語が母語というだけで教える立場になりました。日本語教師としての素養などまったくなかったわけですから、ゼロから学ぶ異国の人に日本語を教えることは大変な仕事だったと想像できます。

そんなロシアで日本語を教えた日本人に、ゴンザと呼ばれる人がいます。正確な日本名はわかっていませんが、薩摩《さつま》から船で大坂《おおさか》（現在の大阪《おおさか》）に向かう途中《とちゅう》に遭難《そうなん》し、カムチャツカ半島にたどり着いた人だといわれて

います。彼は、日露《にちろ》辞典などの書物も残しました。当時は、今のような日本語の標準語はありません。記された日本語は彼の故郷で使われていた薩摩弁《さつまべん》でした。

留学生増加で活動本格化

19世紀中ごろに鎖国《さこく》政策が終わると、大勢の外交官やお雇《やと》い外国人がやってくるようになりました。彼らのなかから日本についての書物を残す人や、日本語を教える人が出てきました。

仕事ではなく勉学のために来日する外国人も多くいました。留学生です。日本が受け入れを始めたのは1881年で、この年、朝鮮が留学生3人を派遣《はけん》しました。その後、1905年には8000人を超《こ》えていたといいますから、この時期の留学生は、加速度的に増えていたことがわかります。こうした流れを受け、日本人が日本語教師として組織的に日本語を教える時代がやってきました。

留学生は、漢字圏《かんじけん》の国の出身者がほとんどでした。日本は周辺国に先んじて近代化を進め、西洋の技術・知識を日本語に翻訳《ほんやく》して学んでいました。そこで、西洋よりも自国に近く、漢字文化を共有する日本が留学先に選ばれたようです。留学生には、魯迅《ろじん》など後世に名を残した人物も多数いました。

このころ、中国《ちゅうごく》（清《しん》）からの留学生が学んだ学校として知られるのが、「弘文学院《こうぶんがくいん》」（のち、宏文学院。東京《とうきょう》）と呼ばれる学校です。講道館《こうどうかん》柔道の創始者、嘉納治五郎《かのうじごろう》が創設しました。すぐれた日本語教師が活躍《かつやく》したことでも知られています。

一方、本格的な日本語教育の契機《けいき》として、開国以前から国内で行われていたアイヌ語、琉球語《りゅうきゅうご》の話者への同化教育、国語教育をあげる専門家もいます。

ただし、そこにあったのは、学習者の純粋《じゅんすい》な意思ではなく、統治者による非統治民族への弾圧《だんあつ》です。世界的に見ても言語教育にはこのような負の側面があり、日本語教師もそうした政策に加担した歴史があります。

戦争で担った役割

第二次世界大戦が終わるまでの半世紀は、日本語教育の負の歴史として広く記憶《きおく》される時期です。日本はアジアの周辺国を侵略《しんりゃく》して植民地政策を強化し、その地で日本語を教えるようになりました。たとえば、台湾《たいわん》では現地で使われていた固有の言語を禁止し、日本語の使用を強制する同化政策をとりました。

これにともなってこの時期、多くの日本語教師が海外で活躍《かつやく》しました。台湾や朝鮮、満州国《まんしゅうこく》では日本語の普及《ふきゅう》に従事することで、統治に貢献《こうけん》しました。他国から植民地にされていた東南アジア諸国にも派遣《はけん》され、日本語や日本文化を伝えながら、日本を解放者として印象づけました。

一方、アメリカやイギリスはこの時期、日本語を情報戦の手段として活用しました。たとえばアメリカでは、日本との戦争が始まると、軍隊のなかに日本語学校を開設し、戦争のために日本語を操れる人材を養成しました。目的達成のために優秀《ゆうしゅう》な人を集め、研究された最良の方法で教育を施《ほどこ》したことから、大きな成果を上げたといわれています。学習者には後に日本文学者となったドナルド・キーンなどがいますが、その背後にも日本語教師の活躍《かつやく》がありました。

戦後に再出発した日本語教育

戦争で利用された日本語教育は、戦後はしばらく活動が控《ひか》えられました。その後、サンフランシスコ講和条約《こうわじょうやく》以降に日本が国費留学生を受け入れたり、韓国や中国で日本語教育が再開されたりし、徐々《じょじょ》に日本語教師の仕事も再び広がっていきました。

日本の経済成長も雰囲気《ふんいき》を変えるきっかけをつくりました。これまで日本語教育をしていなかった国が、導入を始めたのです。たとえば、マレーシアでは、日本からの学びを促《そく》進《しん》する「ルックイースト政策」の中で、日本語教育に力を入れました。日本は豊かになるにつれ、再びより多くの留学生をひきつけるようになりました。

経済の低迷といった社会情勢の変化で、ルックイースト政策など日本語教育を重視する政策の衰退《すいたい》も見られましたが、アニメーションなど日本文化の人気などにより、日本語学習者は現在、世界中に広がっています。また、日本人が移民として渡《わた》ったブラジルなどの国々でも、戦前から引き続き日本語を継承《けいしょう》するための教育が行われています。

政府は1983年、留学生10万人を目標として掲《かか》げ、その後も留学生を積極的に誘致《ゆうち》しています。外国人労働者の受け入れも始めました。家族も合わせてその数は増加しています。日本語教師の活躍《かつやく》の場は、海外と国内の両方で広がっています。

日本語教師の役割

学習者の目的に合わせて国内外で日本語を教える

求められる日本語と学習者の広がり

日本語教師の仕事は、日本語を外国語として学ぶ人のサポートです。学習者としてすぐに思《おも》い浮《う》かぶのが、学校に通う学生ではないでしょうか。日本国内であれば留学生、各々の自国であれば大学生、専門学校生といった人たちです。日本語教師は彼らに対して、基本的に学校の教室でカリキュラムに沿って教えます。

しかし、「成り立ちと歴史」でも紹介《しょうかい》した通り、日本語の学習者層は今、かつてないほど広がっています。日本が労働力として外国人の受け入れを開始したことにより、さまざまな職域で外国人が日本語学習を必要としています。

介護《かいご》現場で技術を学びながら働くＥＰＡ介護《かいご》福祉《ふくし》士《し》候補《こうほ》者《しゃ》、外国人医療《いりょう》従事者などが特に増えています。また近年、数は少ないものの、日本で活躍《かつやく》していたり、これから日本に進出をめざしていたりする海外アーティストやプロスポーツ選手にも学習者がいます。

こうした学習者の場合、教える場所は彼らが所属する企業《きぎょう》やその研修施設《しせつ》です。教室に加えて、仕事の現場などにも学びの場は設けられています。芸能人のように、集団で決まった時間に学べない学習者には、学習者の仕事の隙間《すきま》時間に、個人教授という形で教えることもあります。

「職業で必要とされている日本語」の教育は、一般的《いっぱんてき》な日本人が知らない専門用語を取り上げたり、現場ですぐに役立つ表現を集中的に訓練したりします。そのため、日本語教師にも、学習者が仕事の現場で活かせるような具体的で実践的《じっせんてき》な職業知識が求められます。

こうした日本語教育に従事する日本語教師は、対象となる職業について把握《はあく》したうえで、学習者に応じた内容を組み立てます。

専門用語は関連書籍《しょせき》を読めばある程度吸収できますが、現場を知らないとその意味が理解しづらいこともあります。それぞれの職業の現場で、業務や人間関係を円滑《えんかつ》にするための表現などです。現場を知るため、そして、基本的な知識を得るために、実際にその職業に就いてみる日本語教師もいます。たとえば、介護職《かいごしょく》の学習者に教えている日本語教師には、そうした準備をする人が少なくないようです。

大変な苦労があるように見えますが、転職者には利点にもなります。まったく異なる業界で働いていた人が日本語教師に転身する時に、前職の経験が大きく役立つ可能性があるのです。介護《かいご》現場で働いていた人はもちろん、公務員、アスリート、芸術家、パイロット、科学者など、どんな人でもその分野の日本語学習者にとって、役立つ日本語を提供できる下地をもっているのです。

職業だけでなく、趣味《しゅみ》で培《つちか》った知識や経験も活かせることがあります。たとえば、手芸や料理なども長らく愛好していれば、その分野の学習者に日本語の具体的な言い回しを教えることができます。学習者にとって有益なのはもちろん、日本語教師としても趣味《しゅみ》仲間の学びをサポートできることで喜びにもつながります。

それぞれの場面で工夫や配慮《はいりょ》

日本語教師が働く場所は、大学や専門学校といった学校、外国人を採用する日本企業《きぎょう》のほかに、日本国内では、行政が地域住民のために運営する日本語教室や、日本語を母語としない子どもたちが通う小中学校なども含《ふく》まれます。

地域の日本語教室では、学習者は「地域で暮《く》らす外国人」です。国籍《こくせき》をはじめ年齢層《ねんれいそう》や性別、職業はさまざまで、日本語レベルも日本での経験も参加者間で差があります。当然、日本語教師に求められる日本語も幅《はば》の広いものとなります。

たとえば、子育て中の人は日本語全般《ぜんぱん》というよりも、学校とのやりとりで必要な語彙《ごい》や適切な敬語を必要としている場合があります。こうした場面では、日本語教育は生活の支援《しえん》の一環《いっかん》にもなります。日本語教師は自身の「生活者としての経験」も総動員しながら、日本語や日本での習慣を伝えます。

日本語を母語としない子どもへの指導は、ほかの学習者にはない配慮《はいりょ》や注意が必要です。その子が、親とのコミュニケーションで母語を使用している場合や、日本を離《はな》れる可能性がある場合、過度に日本語学習を進めることが、その子の生活や将来にマイナスの影響《えいきょう》をもたらすこともあるからです。その子の意思

外国語を母国語とする子といっしょに平仮名学習　佐々木千賀子さん提供

文化講座での書道体験　松浦とも子さん提供

も尊重しながら、学校の担任やスクールカウンセラーと協力し、学習を進めることが求められています。

　働く場所は、海外にも広がっています。海外の学習者は、日本への留学や就職を予定している人だけでなく、日本文化に関心があったり、言語学習が趣味《しゅみ》だったりする人もいます。なかには、通っている小中高校でたまたま日本語が採用され、学習を課せられているケースもあり、動機には温度差があります。その学習者がどういう目的で日本語を学んでいるかに応じて、日本語教師は工夫を重ねています。

生計を立てられる人は限定的

「勤務状況《じょうきょう》と給与《きゅうよ》」の項目《こうもく》でくわしく紹《しょう》

介《かい》しますが、日本語教師は収入を得にくい職業であると指摘《してき》されています。常勤よりも非常勤のポストが圧倒的《あっとうてき》に多く、常勤であっても「食べていける」水準の報酬《ほうしゅう》を得ているのは大学などに雇用《こよう》されている人に限られています。

そもそも、仕事としてのポスト自体も限定的です。こうしたことから、現状では、日本語教師としての活動を無償《むしょう》ボランティアとして行っている人が多くなっています。文化庁《ぶんかちょう》の調べ（2020年）では、日本語教師の勤務実態でもっとも多いのがボランティアで、5割を超《こ》えていました。非常勤は約3割、常勤は1割強でした。

ただ、変化の兆《きざ》しもあります。日本語教師へのニーズの高まりを背景に、教える質の維《い》持《じ》・向上を目的にして、公的な資格制度を創設するといった新たな動きが出てきました。これをきっかけに、日本語教師がかかえてきた待遇《たいぐう》課題も改善されるのではと期待されています。

仕事内容

教師による日本語の「伝授」から学習者の協働学習「支援」へ

昔《むかし》ながらの〝学習者に教える〟授業

日本語を母語にしない人にとって日本語は外国語です。彼らに日本語を教える活動は、外国語を教える活動ともいえます。外国語の授業は、たとえば英語の授業など日本の中学、高校でもなじみ深い風景ですので、読者のみなさんにとって想像しやすいでしょう。

教師は教室の前方にある黒板に単語や文法の説明を書いて書き言葉を教える。また、ネイティブスピーカーの音声を流したり、みずから発音したりして、学習者にリスニングやスピーキングの練習をさせる——。たとえばこんな感じです。

日本語の教え方も長らくこのようなスタイルが一般的《いっぱんてき》でした。そこでは、教師が学習者の学ぶ内容や順序を決め、指示を出すといった主体的な役割を担い、学習者は逆に受け身の学びを続けていました。

学習者インターアクション重視の授業

しかし、近年、授業に新たな動きが出てきています。協働学習です。協働学習とは、学習者がペアになって学習したり、グループ内で教えあったりする、「インターアクション」と呼ばれる学習方法を重視する学び方、教え方です。そこでは、教師は学習者の知識を引き出したり、学習者同士による学びを深めたりする手助け役に回ります。学習者はより主体的に知識や経験を得ていきます。

こうしたスタイルは、日本語学習に限らず、ほかの学習分野全般《ぜんぱん》で取り入れられるようになっています。背景には、学習者の主体的な参加が効果的だとする考えの広がりがあげられます。日本語学習に関してはこれに加えて、どのようなシーンで使う日本語を習得したいか、どのぐらい日本語が理解できているかについて、学習者によってずいぶん幅《はば》があることが影響《えいきょう》しているものと思われます。

学習者の学習目的、習熟度がともに均一である教室では、教師が一律的な内容を教えるほうが効率的かもしれません。たとえば、職場での日本語研修や留学生の日本語授業がこれに当てはまります。

一方で、地域の外国人が参加する日本語教室などのクラスは、「日本語教師の役割」でもふれたように、日本語のレベルも目的もバラバラであることが少なくありません。こうした集まりで教師が一律的な内容の授業をすると、自分のレベルに合わない、知りたいことと異なる、などズレを感じる学習者が出かねません。これでは授業による学習効果も限定的です。

このような場合は、それぞれの学習者が自分のレベルに応じて会話に参加し、語句や文法、日本社会の知識について指摘しあうほうが、各自の学びがいっそう進みます。

学習者同士のインターアクションでは、習熟度の高い人は、低い人の誤《あやま》りに気付いて教えてあげられますし、逆に低い人もその誤《あやま》りや疑問などの指摘を通して、ほかの学習者の新たな学びや復習のきっかけをつくれます。日本語教師は、そのような各自の学びが進むように、学習者の会話に合いの手を入れたり、解説を挟《はさ》んだりして授業を進めます。

日本語プラスαで学習意欲を高める

学習者の学習意欲は、日本文化への興味からも引き出されます。そこで、多くの日本語教師が、文化体験を授業に取り入れています。書道、茶道、和太鼓《わだいこ》、着物の着付け、日本食の調理・試食など種類も豊富です。

浴衣を着て日本文化の茶道を体験　折原有実さん提供

海外では材料や道具、それらを教えてくれる外部講師の有無によって限りはありますが、現地の日本語教師も積極的に実践《じっせん》しています。「日本語を学んでいるのは学校で必修だから」といった、意欲が比較的《ひかくてき》高くない若年学習者などにたいへん好評で、例年カリキュラムに加えている、などの声も聞かれます。

日本語を教える、日本語にかかわる職場は国内と海外に

【国内で働く】

職場は学校以外にもある

日本語教師が働く場所として、まず思いつくのは「学校」かもしれません。けれど、実際に日本語を教える場所は学校以外にもあり、そこで働く日本語教師も多いのです。

「国内の日本語教育の概《がい》要《よう》」（文《ぶん》化《か》庁《ちょう》、２０２２年）に、日本語教師が活動する機関・施《し》設《せつ》などの内訳が出ています。日本語教師（常勤・非常勤）と日本語ボランティアを取り上げたデータであり、日本語教育の現状を具体的に示す資料です。ここから働く場所の種類や割合を見てみましょう。

地域の教室で教える

多くの日本語教師が活動している機関のひとつが国際交流協会《こくさいこうりゅうきょうかい》で、割合としては19・7%です。国際交流協会は、主に国際交流や多文化共生（日本語教育を含《ふく》む）のための活動をしています。地方公共団体から補助金をもらって運営したり、役所に事務局があったりする、公共性の高い機関・団体です。

国際交流協会は、外国人のための日本語教室を開いています。外国人が多く生活する地域では教室の数も多く、日本語教師は地域に根差して活動しています。

任意団体（13・3%）、地方公共団体（12・6%）でも、同様に地域の日本語教室を開いてます。国際交流協会にこれらを合わせるとおよそ5割になり、日本語教師の約半数が、地域の日本語教室で、生活者である外国人に日本語を教えていることがうかがえます。

学校で教える

では、「学校」で教えている日本語教師はどのくらいいるのでしょうか。この資料の内訳では、法務省告示機関《ほうむしょう》（28・8%）と大学等機関（10・2%）などがそれにあたります。法務省告示機関とは、正規の留学生が日本語を学ぶ専門学校です。両者を合わせると39%

で、日本語教師の約4割が、何らかの学校で留学生に日本語を教えていると推測できます。

「学校」といえばもうひとつ、教育委員会（6・2％）に注目してみましょう。外国人の多い地域では、日本語を母国語としない児童生徒のために、公立小中学校で日本語の授業を行っています。日本語教師は、こうした授業で、子どもたちが言葉の壁《かべ》、文化の壁《かべ》を乗《の》り越《こ》えられるように、そして、ほかの子どもたちと学んでいけるように支《し》援《えん》しています。

このほかに、「その他」としてまとめられた機関もあり、全体の1割を占めています。特定非営利法人や財団法人の他、株式会社などが含《ふく》まれます。そうした組織では、

日本の介護施設での勉強会のひとコマ。介護の語彙当てゲームに挑戦　　石川いづみさん提供

事業所内で働く外国人に対して仕事場で日本語講座をもっていることがあります。医療福祉《いりょうふくし》関係をはじめ業種はさまざまです。他の項目と比べると限定的な印象ですが年々、外国人労働者の増加にともない、活躍《かつやく》する日本語教師の割合も増えています。

国内では、就労したり生活したりする外国人よりも、留学生に対する日本語教育を長年、行ってきました。より多くの留学生を呼《よ》び込《こ》みたいという国の政策もあり、留学生の数は当初（１９８０年代）の目標である10万人を超《こ》え、近年では20万から30万人の間で推移しています。前述の資料でも、日本語教育を実施《じっし》する機関・団体の内訳で、留学生が学ぶ大学などの機関が、全体の４分の１を占めてもっとも多くなっています。

ただし、こうした大学などで働く日本語教師はごくわずかだといわれています。現在、日本語教師は４万人強いますが、先に見てきた通り、大学などで教えている人は１割程度にとどまっています。時間をかけて専門性もみがいた大学卒業者や大学院修了者《しゅうりょうしゃ》でさえ、高等教育機関ですぐに常勤として働くのは難しい現状です。

日本語に「かかわる」仕事も

日本語教師がもっとも活躍《かつやく》している職場は、地域の日本語教室です。ただし、その設置主である国際交流協会や地方公共団体では、日本語教師は、日本語を「教える」ほかにも期待されている仕事があります。日本語に「かかわる」仕事です。

「かかわる」仕事とは、日本語教育・学習の支援《しえん》です。学習者にとって日本語学習がスムーズに始められ、続けられるように、また地域の日本語教師にとっては効果的な授業が行えるようにします。比較的《ひかくてき》新しい分野ですが、経験豊富な日本語教師が活躍《かつやく》しています。

その一つに、地域日本語教育コーディネーターがあります。あまり聞きなれない職名かもしれませんが、活動目的は、地域での日本語教育を推進することです。具体的な活動は、図表2を参照してください。

地域がかかえる日本語学習の課題を洗い出し、解決に向けた支援《しえん》を行うことで、日本語教師と地域の外国人の両者を支えています。

図表2 地域日本語教育コーディネーターに必要な能力

【現状把握・課題設定】	在留外国人の状況と施策に対する理解、地域日本語教室の現状および問題の把握と課題の設定
【リソースの把握・活用】	日本語教育のリソースの把握と課題に応じた適切な活用
【ファシリテーション】	課題解決のプロセスの可視化による日本語教育の体制整備に向けた活動の推進
【連携（ネットワーク）】	組織内外との調整や地域・組織・人の力をつなぐことによる協働の推進
【方法の開発】	「生活者としての外国人」に適した日本語教育プログラムの実践に向けた方法の開発

文化庁　地域日本語教育コーディネーター研修より

異なる文化を背景にもつ人たちが共生する多文化共生社会をめざすため、国はこうした人材の養成を進めています。

やさしい日本語

日本語に「かかわる」仕事として、もう一つ近年重視されるようになった活動があります。相手にわかりやすく伝える「やさしい日本語」の促進《そくしん》です。日本語を母国語としない人にとって、言葉の壁《かべ》が少しでも低くなるように、日本語を母語としている人が努力できることとして全国に広がっています。

現在使われている日本語表記を、日本語に習熟していない人にもわかるようなやさしい日本語に書《か》き換《か》える、この「やさしい日本語」化にも各地の日本語教師が取り組んでいます。たとえば、行政が流す災害の緊急《きんきゅう》速報などで試みられています。日本語を母語にしない人たちの感覚や学習過程を熟知している日本語教師だからこそ貢献《こうけん》できる分野です。

【海外で働く】

小学校から大学まで幅《はば》広《ひろ》い職場

海外で活動する日本語教師の職場は、日本国内とそれほど変わりはありません。学校もあれば、それ以外で開かれている教室もあります。

学校には、まず、日本語を専門に教育する大学や大学院、専門学校があります。日本国内に置《お》き換《か》えると、大学の英語科や英文学科などで教えるイメージです。そして、これ以外にも高校や中学、時には小学校にも活躍《かつやく》の場があります。

小中学校や高校では、日本語を第二言語として勉強している児童生徒に教えます。海外では、母国語（いわゆる国語）に加えて第二言語を小学校から学び始める国があります。そして、学ぶ言語の選択肢《せんたくし》も豊富に用意されているケースが少なくありません。

日本語教師の職場となるのは、日本語が第二言語の選択肢《せんたくし》に入っている学校です。全学校がそうとは限らないため、ひとりの教師が地域の複数の学校をかけもちして教えるケースもあります。

児童生徒のなかには、特別に日本語が好きというわけではなく、学校で決められているから仕方なく第二言語として学んでいる、という子どももいます。こうした子どものやる気を引き出し、学習のつまずきを減らせるような工夫も求められます。

現地の学校が個別に日本語教師を募集《ぼしゅう》したり、公的機関が日本語教師を採用し学校に派遣《はけん》したりと、就職にはいくつかのパターンがあります。

カルチャーセンターなど

学校以外では、趣味《しゅみ》などで日本語を学んでいる人たちが通う地域の教室などがあります。カルチャーセンターのような位置づけの場所です。教える相手は、日本語や日本の文化に関心をもっている人たちで、年齢《ねんれい》や性別、職業もさまざまです。

ここに集うのは自主的に学ぶ人たちです。学習意欲が高く、明確な目的意識をもっている学習者が多くいます。そのため、「それは学びたくない」と学習者からはっきりと意思を示されることもあります。それぞれの自主性を尊重しながら各自の学びを支える姿勢が大切になっています。

現地の教師と連携《れんけい》

日本語教師は日本人だけの職業ではありません。日本に日本人の英語教師がいるように、

海外で日本の七夕文化を紹介　　松浦とも子さん提供

現地にも日本語を教えているその国の教師がいます。海外で活動する日本語を母語とする日本語教師にとって、現地の教師との連携《れんけい》も重要になっています。

日本国内でも、外国語指導助手（Assistant Language Teacher：ＡＬＴ）が活躍《かつやく》しています。たとえば小中学校の英語の授業では、日本人の教師に加えて、英語を母国語とするＡＬＴが発音のお手本を示すなど、学びをサポートしています。

それと同様に、日本語を母語とする日本語教師の多くは、日本語を母語としない日本語教師とたがいに経験や能力を補い合って、授業を進めています。日本語を母語とする教師は、発音はもちろん、より自然な表現や日本の文化・社会の説明まで、貢献《こうけん》できることは多くあります。

一方で、現地の日本語教師は、現地で使われている言語の特性や、その言語を母語としている人が日本語を学ぶ時に難しく感じるポイントを熟知しています。連携《れんけい》を通じて、両者は学びあい、学習者にとってよりよい授業を組み立てています。

先生を教える先生に

海外の日本語話者の日本語教師には、学習者を教えるだけでなく、現地の日本語教師を教える人がいます。国際交流基金《こくさいこうりゅうききん》が実《じっ》施《し》している日本語教師を海外に派遣《はけん》するプログラムでは、日本語教師としての豊富な知識と経験があり、日本語を学習者ではなく日本語教師に教える専門家、いわば「先

タイの日本語教師に向けた研修会。みんなで「漢字」を手に　松浦とも子さん提供

海外派遣は、勤務地ならではの交流があるのも魅力　松浦とも子さん提供

生の先生」も海外に赴《おもむ》いています。こうした日本語教師の職場は、国際交流基金の海外拠点《きょてん》です。

現地の日本語教師には、当然ながら日本語を母語としない人が多く、彼らも学習者と同様に日本語を一から勉強して教師になっています。日本語の学習は、教師になったら終わるわけではなく、多くの人がより高いレベルをめざして学びを進めています。

現地には、日本語を母語とする日本語教師も少なからず存在します。日本で日本語教師になり海外に派遣《はけん》された人だけではありません。現地在住で、現地で日本語教師になると決めて勉強し、教師となって教えている人がいます。

こうした人には、独学を続けたり、自分で練習して習得し、経験を積んだりして、日本語教師の職を得た人も含《ふく》まれます。海外には、日本のように日本語養成コースをもつ専門学校などほとんどないため、日本から来た「先生の先生」から学ぶ機会は貴重なものとなっています。

日本語教育の教材や教授法は、常に研究が進められ改善がくり返されています。現場の教壇《きょうだん》に立つ日本語教師は、日々、教えることに多くの時間を費やし、こうした情報に精通することが難しいのが現状です。日本語教育に関する情報を伝えるのも「先生の先生」の役割です。

日本国内でも同じことがいえますが、海外の日本語教師にとっては、特にこうした日本語の専門家との接点が大切になっています。

取材先提供（以下同）

現場で真に必要な日本語を外国人の果敢な挑戦下支え

社会福祉法人《しゃかいふくしほうじん》サン・ビジョン グレイスフル塩尻《しおじり》
石川《いしかわ》いづみさん

学習者は介護《かいご》現場でがんばる外国人

長野《ながの》県のＪＲ塩尻《しおじり》駅の目の前に、13階建ての近代的なビルがある。上層階からは北アルプスも望めるこの場所で、ベトナムからやってきた若者たちに日本語を教える。それが石川いづみさんの仕事だ。

若者たちは全員、日本で研修を受ける「ＥＰＡ介護福祉候補者《かいごふくしこうほしゃ》（以下、候補者《こうほしゃ》）」。二国間の経済連携《れんけい》協定（ＥＰＡ）に基づいて来日した人たちだ。介護《かいご》分野ではベトナムのほかにインドネシアやフィリピンからの人材が日本に入ってきている。

ビルの中には、特別養護老人ホームなど高《こう》齢者《れいしゃ》が過ごすいくつかの事業所が入っており、彼らはここで、日本人職員といっしょに働きながら研修を受けている。石川さんによる日本語授業は、彼らの研修の一環《いっかん》だ。

「ベトナムからの候補者《こうほしゃ》は、看護《かんご》大や看護《かんご》短大を卒業しています。ここの私の生徒は、年齢《ねんれい》は20歳代《さいだい》。25歳《さい》ぐらいの人が多いかな。卒業した後、少し働いて日本に来た人たちです」

彼らの日本語能力は、すでに日常会話レベル以上だ。

「日本語能力試験のN3認定（日常的な場面で使われる日本語をある程度理解することができるレベル）をまずは母国で取得して来ています。就労を始める前も日本語研修を受けています」

しかし、彼らにとって、日本語はまだまだ大きな課題だ。ネイティブ並《な》みのレベルが求められる。もちろん、仕事上の支障を減らすためだが、もう一つ、重要な理由がある。それは、候補者《こうほしゃ》として求められている、国家資格「介護福祉士《かいごふくしし》」の取得だ。

国家試験を受けるには、職業の専門知識だけではなく、日本語能力も日本人受験者と同じレベルにまで引き上げる必要がある。日本人のあいだでも一般的《いっぱんてき》には知られていないような専門用語の漢字まで読み書きできるようにするのだから、ある意味、目標はネイティブ以上のレベルだ。しかも、与《あた》えられる時間はおよそ4年間。

候補者《こうほしゃ》は、人口増加などによって就職が難しい母国に戻るより、条件さえ合えば日本で働き続けることを望む人がほとんどだ。将来がかかっているといっていい。

石川さんの日本語授業は、そうした事情をかかえてがんばる彼らを支えている。

現場の声を反映した「介護《かいご》の日本語」

石川さんの日本語授業は、週に2時間。候《こう》補《ほ》者《しゃ》は、その時間だけ介護《かいご》スタッフから日本語学生の顔になる。入国年度によってクラスが分かれていて、1クラス5人ほどだ。

「教える内容は、決められたカリキュラムに沿っています。EPAで候《こう》補《ほ》者《しゃ》の受け入れ事業を行っている国際厚生事業団《こくさいこうせいじぎょうだん》がつくったものです」

日本語とひと口に言っても、どのシーンかによって、使われる語句や自然なコミュニケーションの方法が異なる。石川さんはこのカリキュラムに沿って、「介護《かいご》の日本語」を教える。

しかし、石川さんは、与《あた》えられた2時間のうち半分しかこれにあてない。残りの半分で教えるのは、就労現場の声を拾いながらみずから考えた内容だ。

「介護長《かいごちょう》から、こういう練習をしてほしい、という要望を聞いて考えます。具体的な内容が多いですね。たとえば、電話での対応でも、外線に出るのと、内線に出るのとでは、言葉《ことば》遣《づか》いが異なります。また、何かあった時に状況《じょうきょう》をパソコンに入力していくという作業もありますが、書き言葉には日常会話とは違《ちが》う表現が使われます」

現場の声を大切にしているのは、教科書で勉強しているだけでは、真に現場で必要な日本語は身につけられないからだ。石川さん自身、介護《かいご》の日本語を教えるため事前に介護《かいご》施《し》設《せつ》でアルバイトし、それを実感した。

たとえば、頻繁《ひんぱん》に使われる縮約形の表現。候《こう》補《ほ》者《しゃ》は、「おいておいてください」と聞く

EPA介護福祉士候補者との授業風景

と「置いておいてください、だな」と理解できるが、「おいといてください」と言われると何のことだかわからない。縮約は日本人にとっては些細《ささい》な言い換えに過ぎないが、学習者には一つひとつ覚えなければならないものとなっている。

石川さんが教える候補者《こうほしゃ》のなかには、すでに日本語能力試験で最上レベルのＮ１（幅広《はばひろ》い場面で使われる日本語を理解することができる）を取得している人もいる。しかし、利用者の家族とのやりとりには、配慮の行き届いた敬語が求められるなど、日本語の学習に終わりはないという。

候補者《こうほしゃ》と日本人職員をつなぐ

石川さんが日々大切にしているのは、「つなぐ」役目だ。石川さんが教える相手は、単に日本語学習者であるだけでなく、外国人の被雇用者《ひこようしゃ》でもあるからだ。

「候補者《こうほしゃ》は、いつも日本人に囲まれて働いています。研修中はアウェーです。一方、日本語の授業中はそうじゃない。集まるのは、同じベトナム人の候補者《こうほしゃ》同士だし、上司もいない。いわばアウェーのなかのホームという感じです。のびのびしていますよ」

そうした立場にも心を寄せる必要を感じている。

「ただ教えるだけじゃなくて、外国人の気持ち、雇《やと》われている人の気持ちがわかるように努力をしています」

介護長《かいごちょう》の理解もあり、施設《しせつ》では「日本人職員もベトナムのことを知ろう」と交流や学習の取り組みも行っている。候補者《こうほしゃ》がベトナム料理をふるまったり、日本とベトナムの違《ちが》いなどを発表したり。もちろん、発表のスピーチ原稿《げんこう》は候補者《こうほしゃ》が自分で書いて暗記。発音練習もくり返し、日本語学習にもプラスになった。

「候補者《こうほしゃ》のことも知ってもらおうと、彼らがどんなふうに日本語を勉強しているのか、日本人職員に見てもらったこともありました」

候補者《こうほしゃ》側、施設《しせつ》側がうまく関係を維持《いじ》できるように、率先してコミュニケーションのお手伝《てつだ》いを続ける。

「人間って基本的に差別する生き物かもしれません。でも、それは偏見《へんけん》から始まる。人口減少が進む日本は今後、外国人を受け入れて多文化共生社会になる流れが避《さ》けられませんが、日本語教師は、その共生について日本人に知らせる手助けもできると思っています」

ベトナム料理の試食会

候補者《こうほしゃ》から教師も学び、元気をもらう

職業としての待遇《たいぐう》はまだまだ発展途上《とじょう》で、石川さんも複数の職場をかけもちしている。それがネックだと率直に話すが、「この仕事と学習者のことを愛しています」と断言する。

「学習者は慣れない外国に来て懸命《けんめい》に努力し、時には壁《かべ》にぶつかりながらも、乗《の》り越《こ》え成長していきます。そんな姿を見ていると、私自身も刺激《しげき》をもらい、学ばせてもらうことも多いです。目標を達成した彼らの喜ぶ顔が見られた時は、ほんとうにうれしいですね」

ミニドキュメント 2 地域の外国人に教える日本語教師

社会の一員として暮《く》らせるように 地域の外国人の学びをサポート

取材先提供（以下同）

蓬《ほう》莱《らい》日《に》本《ほん》語《ご》教《きょう》室《しつ》
佐《さ》々《さ》木《き》千《ち》賀《か》子《こ》さん

さまざまな外国人が集まるクラスで

　日本語教室ではあるものの、日本の生活習慣も同時に学ぶ。それが佐々木さんが副代表を務める「蓬莱日本語教室」のスタイルだ。福島《ふくしま》県福島《ふくしま》市にある蓬莱日本語教室が対象としているのは地域に暮《く》らす外国人。日本語も日本の生活習慣も、彼らにとって、等しく必要なスキルになっている。

　近年、日本でも外国出身者は増加の一途《いっと》をたどっていて、日本語教室も地域に開設されるようになってきた。しかし、言葉さえできれば円滑《えんかつ》に、幸せに過ごせるかというとそうでもない。だから、教室では単に言語習得だけでなく、それぞれが母国にいた時と同じように、「地域社会の一員として」「自己実現する」ことを目標のひとつにしている。

日時や場所を変えて週にいくつかのクラスがあり、佐々木さんもその複数を受けもつ。会場は、公共施設《しせつ》の一室だ。大人が集まるクラスでは高校生ぐらいから40歳代《さいだい》まで、子どものクラスでは小学校1年生から高校生くらいまでの人たちが集まっている。それぞれ1時間半から2時間が授業時間だ。

学習者は習熟度も、ニーズも、日本での経験もさまざまな人たちだ。大学にある留学生向け日本語クラスなどと比べると、多様性に富む。「その人が何を求めているのかわからない時は難しいですね」と佐々木さんは話すが、それもまた、おもしろさにつながっているようだ。

〝教えない〟クラスの中身

佐々木さんは日本語教師だが、「教える」という言葉をあまり使わない。実際のところ、特に大人が集まるクラスでは、一方的に教師が教えることはしないという。教科書もなし。

「ある学習者の方が新しく入ってきた時、長くいる学習者さんが、『ここでは教えてくれないよ』と言っていました。おかしく聞こえるかもしれませんが、本当なんです」

では、どうやって学びが進んでいくのか。佐々木さんは、会話を中心としたグループ学習の準備から組み立てまでを教えてくれた。

「たとえば、そのクラスの数日前に、比較的《ひかくてき》大きな地震《じしん》があったとします。みんなが知っている、共通の話題になりますよね。じゃあ、つぎは地震《じしん》をテーマにしよう、と考えます」

学習テーマは、リアルタイムの身近な事柄《ことがら》だ。

「クラスの冒頭《ぼうとう》、『この前、地震《じしん》があったね。怖《こわ》かったね。みんな、どうだった?』と私から質問を投げかけ、みんなにその時にどうしていたかを話してもらいます。その会話から、地震《じしん》に関する語彙《ごい》だけでなく知識を学び、経験を共有して、習慣についても理解を深めていくんです」

そのなかで、日本語教師として少しだけ介《かい》入《にゅう》する。

「会話に必要な表現や、文法も緩《ゆる》く提示します。『〜のために、〜します』といった、『ために』の使い方などです」

もちろん、日本語がある程度できる人もいれば、ほとんど話せない人もいる。しかし、それがグループ学習の良いところで、学習者同士で教えあったり、質問しあったりする流れができてくるという。

「スリランカの方がいました。日本語ゼロからのスタートだったんです。だから、ある程度会話ができるほかの学習者といっしょだと大変かもしれない、と思っていたのですが、『それはね、〜ということだよ』という感じで、みんなが教え始めたんです。そういうことが結構起こります」

日本語教師としての介入《かいにゅう》はあまりせず、学習者の自主性を引き出すようなクラスの流れ。これだけ聞くと、学習として効果的なのかと、疑問をもたれるかもしれないが、佐々木さんはこう話す。

「N4ぐらいだったら、提供できていると思っています」

N4とは、日本語能力試験のひとつの認定

「火事の原因は？」「アイロン」「たばこ」と日常の特定の場面を設定しながら

レベル。「基本的な日本語を理解することができる」レベルだ。教師ができるだけ教えない方法でそれを達成しているとしたら、テーマ設定や会話の引き出し方など、佐々木さんの工夫が奏功しているといえそうだ。

人生経験のすべてが活きる

地域の外国人が集まるこうした日本語教室は、参加するのも、休むのも自由だ。そのため、ライフステージやニーズに合わせて、来なくなったり、また来始めたり、と学習のペースが各々で異なる。学習者は、自分が必要だと思った時、必要なことを学びにやってくるのだ。

そんな彼らから佐々木さんがよく耳にするのは、日常会話には困らないものの、特定のシーンで会話の内容を理解するのが難しいといった学習ニーズ。たとえば、保護者として子どもが通う学校とやりとりする場面だ。学校の仕組みや先生が使う用語を知っておくことで、理解できるようになる。

時計や平仮名など手作りの学習グッズ

「そういう時に自分の経験が役に立ちます。日本語教師としての知識だけでなく、生活者としての経験が、学習者を助けられることがあるんです。地域の日本語教育では、人生経験がむだになることは何一つありません」

しかし、一人がもっている経験の種類には限りがある。「こういう場面ではどうしたらいいか」と問われて自分ではわからない時は当然ある。たとえば、子どもをもたない日本語教師だと、幼児の予防接種について問われても、知識や経験の不足で伝えられないことがある。その場合、どうするか。

「自分でわからない時は、それがわかる専門の方につなぎます。この、つなぐ、というのが、とても大事なことだと実感しています。」

地域の外国人の方をサポートする日本語教師として、どれだけ『つなげる人脈』をもっているか。それが重要じゃないかな」

長年、地域で暮《く》らす外国の人たちと接してきた佐々木さん。東日本大震災《ひがしにほんだいしんさい》の後、ある外国人とプライベートレッスンをした時、たがいにおいおい泣きながら被災《ひさい》体験を話したことがあった。出身国は違《ちが》っても人と人として心はつながりあえると確信している。

「日本語ができなくても快適に過ごせる日本社会になればいいなと思います」

日本語教師として願うことは、学習者の日本語習得というより、日本人にとっても外国人にとっても暮《く》らしやすい社会の実現だ。

「日本にいる外国の人と話していて思うのは」と佐々木さんは最後に言った。

「外国の人を一人の人間として歓迎《かんげい》したいということです。ホスト国の一人として、ほんとうにそう願います」

いろいろな国の文化を体験・交流できるイベントにもかかわる

ミニドキュメント 3 公立小中学校で教える日本語教師

外国ルーツの子どもに教える その子の事情にも心砕《くだ》いて

我孫子市国際交流協会《あびこしこくさいこうりゅうきょうかい》
大崎《おおさき》紀子《のりこ》さん

マンツーマンで教える相手は子どもたち

日本には、外国にルーツをもつ子どもたちがいる。家庭で親の母国語を使っているケースでは、特に日本語の読み書きが習得しづらい。生きていくために必要な日本語を、彼らがどこで覚えていくか。その限られた機会の一つが学校だ。

大崎さんが教えているのは、そんな子どもたち。千葉《ちば》県我孫子市の公立小中学校で、ほぼマンツーマンで授業を行っている。

同市でも近年、外国人の住民が増え、それにともない公立小中学校に日本語を母語としない子どもたちが通うようになってきた。しかし、授業はもちろん日本語だ。そこで、言語の壁《かべ》で学校の勉強についていきづらい子どもたちのために、国際交流協会が市の委託を受け、各校に日本語教師を派遣《はけん》している。

大崎さんもその一人だ。

「日本語教師がチームで担当しています。今は6人。教える相手は、ほとんどが来日直後の子どもです。32回が1区切りで、一人に対して週に2回授業をします。一人ひとりに合わせて授業を組み立てるので、準備が大変です」

集中力を考えて授業を組み立てる

与《あた》えられる時間は、ほかの授業と同じで小学校が45分、中学校が50分。外国から来た子どもにとって理解が難しい国語や社会の時間が、日本語の授業にあてられる。その子だけ、別室で授業を受ける形だ。

授業ではまず、カードゲームなどで日本語に親しむ。かるたやトランプなどで、飽《あ》きたらつぎ、飽《あ》きたらつぎ、というふうにつぎつぎに〝品〟を替《か》えていく。

遊んでいるように見えるが、これは、大崎さんたちチームによる工夫だ。ただでさえ、子どもたちは、大人の学習者と比べて集中力を保つのが厳しい。加えて、日本語の学習意欲もそれほど高いわけではない。いくらまわりが日本語は日本で生きていくために必要だと諭《さと》しても、小学校1年生の幼い子など、それを理解して意欲的に学習に取り組むのは至難の業だ。

もちろん、対象は小学1年生から中学3年生までと幅広《はばひろ》く、状況《じょうきょう》もまちまちだ。その子の現状に応じて、内容は柔軟《じゅうなん》に変えていき、たとえば、中学3年生の子と、高校入試のための準備をいっしょにやったこともある。ただ、強い意志をもって日本語学習に取り組むケースはまれという。

「授業中に、子どもたちに『やりたくない』と言われたら、諦《あきら》めるしかありません。だから、『ドラえもん』とか『ワンピース』とか、子どもたちの好きそうな話題や教材を複数用意していきます」

しかし、大崎さんは決して子どもたちを急かしたり責めたりしない。

「子どもたちにもストレスがあるなと思います。朝から晩まで、わからない言語に囲まれているわけですから。私たちも同じ立場だったら、絶対そうなりますよね。たとえば、スウェーデンのようなまったくわからない言語の社会に放《ほう》り込《こ》まれたら〝ポカーン〟となりますよ」

日本語教師が子どもたちにできること

大崎さんが、子どもたちに寛容《かんよう》に接し、できるだけストレスを減らしてあげようと心を配るのは、ほかにも理由があった。学校で出会う子どもたちは、さまざまな事情をかかえているからだ。

「赤ちゃんが生まれるから、って、母国から呼び寄せられた子がいました。結果的に子守や家事をせざるを得なくなるのです」

今まで疎遠《そえん》だった親から突然《とつぜん》、知らない国に連れてこられて、家では新しい家族との生活が始まる。学校に行っても、言葉がわからず、友だちもつくりにくい。日本語教師として学校に通っていると、そんな状況《じょうきょう》がわかってくることがある。

子どもから直接、悩《なや》みや問題を打ち明けら

中学生と１対１で学習　取材先提供

れることもある。担任の先生やスクールカウンセラーではなく、大崎さんを選んでのことだ。日本語教師の仕事とは直接関係はないかもしれないが、さまざまな背景や事情をかかえる子どもたちが、今後幸せに暮《く》らしていくために何が必要か、考えずにはいられない。

こんなケースもあった。先生が、外国にルーツがある子の家庭に対して、「家でも日本語を使ってください」と指導した。少しでも日本語を使う時間を長くすることで、日本語の上達を助ける目的だ。

しかし、大崎さんは考える。その方法は正解だろうか。その子がこの先、一生日本で暮《く》らすとは限らない。もしかしたら近い将来、母国に戻《もど》るかもしれないのだ。そうであれば、母国語を忘れないために、そして、まだまだ未熟な母国語をもっと上達させるために、家ではそちらを使うほうがその子のためになることだってある。

大崎さんの仕事は日本語教師として日本語を教えることだが、学校で子どもたちに向き合う教師の一人でもある。そういう立場で何ができるのかということを考え、模索《もさく》を続けている。

ほかにはない、子どもに教える魅力《みりょく》

こうした子どもたちに教える仕事には、ほかの日本語教師にはない難しさがある。しかし、喜びも大きい。一つは、日本語の授業で、子どもたちがストレスから解放された姿を見せること。もう一つは、子どもならではの吸収力を感じた時だ。

「覚えたら子どものほうが早い。反応がいいんですよ。すごくやりがいになります。何しろ1週間単位で上達する。そこは、日本語学校で大人に教えるのとは違《ちが》うところです。学習となると、集中力が続かないとか、問題もありますが、耳もいいし、そういうのを目の当たりにするとすごいなと思いますね」

そんな彼らのために、教材もずいぶん探したり作ったりした。体調を表す言葉を覚えるための「けんこうすごろく」。上下左右をぱっぱっと言えるようにする「視力検査表」。あいうえお……と点をつないでいったら絵が浮《う》かび上《あ》がる「てんつなぎ」。そのほか、簡単な表現の日本語で書いてあるものとして、特別支援《しえん》学級の教材を活用することもある。

子どもの気持ちも大事に、粘《ねば》り強《づよ》く教える大崎さん。今までかかわったのは20人ほどになる。しかし、子どもを教え始めたころは、どちらかというと子どもは嫌《きら》いだったという。

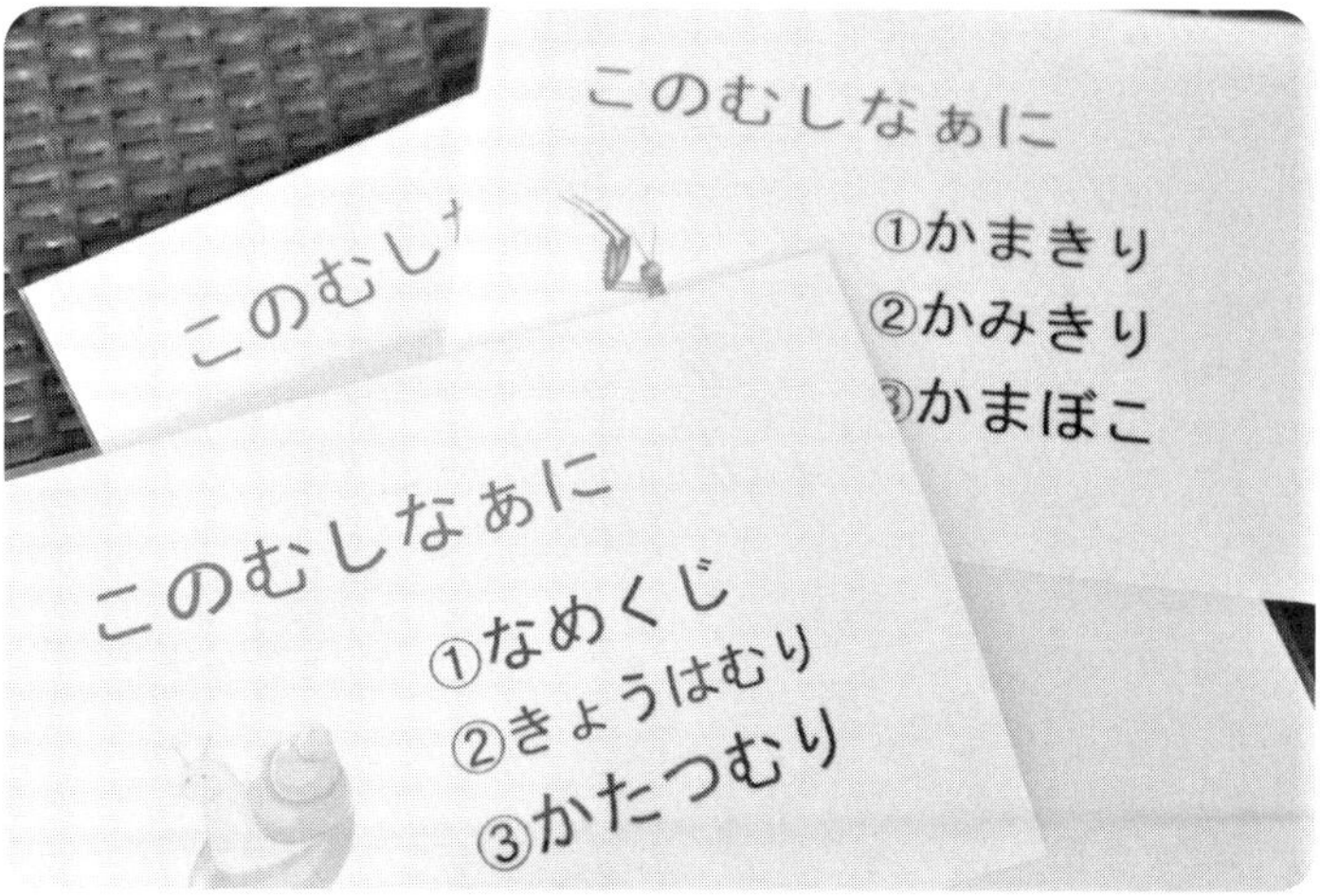

大崎さんが手作りした教材。ユーモアもにじむ　取材先提供

「でも、教えてみたら、子どもはおもしろい。大人が考えるような理屈《りくつ》で覚えないんですよね」

日本語教師には、好きで、というより、軽い気持ちでなった。その時は、このようにさまざまな事情をかかえる子どもたちに教えることなど想像すらしていなかった。仕事の待《たい》遇面《ぐうめん》では問題は否めないが、仕事のおもしろさは実感している。なりたてのころ、「食べていけないけど、やってみてもいいんじゃない?」と言ってくれた先輩《せんぱい》教師の言葉を今、思い返している。

勤務状況と給与

働く先で異なる勤務状況待遇面には課題も

大学・専門学校で教える

大学・大学院や専門学校で教える場合、一般的《いっぱんてき》な教師の働き方とおおむね同じです。つまり、授業が行われる時間帯（コマ）は、学期ごとに定まっていて、そのスケジュールに従って教壇《きょうだん》に立ちます。

授業準備や学校の事務作業など、実際にクラスで教える時間帯以外にも作業があり、授業がない時も仕事をすることになります。そのため、担当の授業数にかかわらず、学校の始業時に出勤し、終業時刻まで勤務するパターンが多いようです。

大学や大学院では、集団の授業のほかに、個別に学生を指導する機会もあります。日本語や日本語教育について研究したり、論文を執筆《しっぴつ》したりする学生への指導です。担当する

料金受取人払郵便

本郷局承認

6276

差出有効期間
2025年9月30日
まで

郵便はがき

113-8790

（受取人）
東京都文京区本郷1・28・36

株式会社 ぺりかん社

一般書編集部行

購入申込書 ※当社刊行物のご注文にご利用ください。

書名		定価[円+税] 部数[部]
書名		定価[円+税] 部数[部]
書名		定価[円+税] 部数[部]

●購入方法をお選び下さい（□にチェック）	□直接購入（代金引き換えとなります。送料+代引手数料で900円+税が別途かかります） □書店経由（本状を書店にお渡し下さるか、下欄に書店ご指定の上、ご投函下さい）	番線印（書店使用欄）
書店名		
書店所在地		

書店様へ：本状でお申込みがございましたら、番線印を押印の上ご投函下さい。

※ご購読ありがとうございました。今後の企画・編集の参考にさせていただきますので、ご意見・ご感想をお聞かせください。

アンケートはwebページでも受け付けています。

URL http://www.perikansha.co.jp/qa.html

書名	No.

●この本を何でお知りになりましたか?

□書店で見て　□図書館で見て　□先生に勧められて

□DMで　□インターネットで

□その他［　　　　　　　　］

●この本へのご感想をお聞かせください

・内容のわかりやすさは?　□難しい　□ちょうどよい　□やさしい

・文章・漢字の量は?　□多い　□普通　□少ない

・文字の大きさは?　□大きい　□ちょうどよい　□小さい

・カバーデザインやページレイアウトは?　□好き　□普通　□嫌い

・この本でよかった項目［　　　　　　　　］

・この本で悪かった項目［　　　　　　　　］

●興味のある分野を教えてください（あてはまる項目に○。複数回答可）。
また、シリーズに入れてほしい職業は?

医療　福祉　教育　子ども　動植物　機械・電気・化学　乗り物　宇宙　建築　環境

食　旅行　Web・ゲーム・アニメ　美容　スポーツ　ファッション・アート　マスコミ

音楽　ビジネス・経営　語学　公務員　政治・法律　その他

シリーズに入れてほしい職業［　　　　　　　　］

●進路を考えるときに知りたいことはどんなことですか?

［　　　　　　　　］

●今後、どのようなテーマ・内容の本が読みたいですか?

［　　　　　　　　］

お名前	ふりがな ［　　歳］ ［男・女］	学校名・ご職業	
ご住所	〒［　　－　　］　TEL.［　　－　　－　　］		
お買上書店名	市・区 町・村　　書店		

ご協力ありがとうございました。詳しくお書きいただいた方には抽選で粗品を進呈いたします。

学生が多いほどスケジュールも詰《つ》まってきます。

働く時間帯は、午前中から午後が一般的《いっぱんてき》です。夜間のコースをもっている学校以外は、おおよそ9時から17時が勤務時間です。学校によって多少の変動はありますが、長時間にわたって残業することは少なく、ほぼ決められた予定通りに勤務します。

休日については、勤務する学校の休校日に準じます。

学習者が働く企業《きぎょう》で教える

企業《きぎょう》で教える場合、学習者の人数や、講座期間が集中的なものであるかどうかで、勤務状況《じょうきょう》は変わってきます。学習者が多く複数のクラスに分かれていたり、集中的な講座だったりすると、空き時間が少なく、授業と授業のあいだも詰《つ》まったスケジュールになります。

多くの場合、学習者はその企業《きぎょう》で働きながら勉強しているので、授業に出席するのは、一日のうちの一定時間のみとなります。学習者が少ない企業《きぎょう》では、授業数自体も少なくなります。こうした事情から、企業《きぎょう》で教える日本語教師の多くは、時間を有効に使うため、ほかの職場と兼務している場合があります。

学校とは違《ちが》い、事業所の運営に関する事務作業はありません。専用の教師室や控《ひか》え室がない職場も多く、その場合は授業準備は自宅で行うことになります。基本的に、授業のある時間帯に出勤し、授業が終われば帰宅します。

一方、授業以外で学習者支援《しえん》を担うこともあります。彼ら外国人と、同じ職場で働く日本人職員とのコミュニケーションが円滑《えんかつ》に進むような支援《しえん》などです。その場合は、日本人職員とも話をするなどして、課題解決の糸口を探ります。職場で過ごす授業以外の時間帯も学習者の支援《しえん》にあてることになり、大切な時間とされています。

休日については企業《きぎょう》の規定に準じます。

地域で教える

地域の日本語講座で教えるさいは、勤務時間は夜間も含《ふく》め幅広《はばひろ》く設定されます。どういった学習者が集まる講座かによって変わってくるからです。仕事をしていない人たちであれば、平日の午前中やお昼過ぎも通えますが、仕事をしている学習者の場合は、通える時間帯である夕方から夜にかけての時間帯や週末が主になります。

勤務場所は、ほとんどが公共かそれに準ずる施設《しせつ》です。たとえば、語学講座を含《ふく》め、さまざまな活動が一つの施設《しせつ》で行われている場合は、日本語講座も、いくつかある講座のなかの一つとして運営されています。中国語や英語といったほかの講座の教師も施設《しせつ》に出入

大人も子どももいっしょに学ぶ地域の日本語教室　　佐々木千賀子さん提供

りするため、職場はさながら小さな地球のようです。こうした職場では、協会などの関係者専用の部屋《へや》が用意され、授業の準備もそこで進められることもあります。勤務時間は基本的に授業時間帯ですが、それ以外にも会議や催《もよお》しなどの仕事が発生する可能性があります。

一方で、公民館などの会議室を借りて授業を行うケースもあります。あくまでも教室を借りているだけなので、職場ではありません。授業を行う時間帯に行き、終わったら帰ります。授業準備などは原則として自宅で行います。

小中学校で教える

小中学校で教える場合は、教諭免状《きょうゆめんじょう》をもち

教諭《きょうゆ》として勤務している場合と、外部職員として日本語教育のみにたずさわる場合とで、勤務状況《じょうきょう》が異なります。

教諭《きょうゆ》として勤務している日本語教師の場合は、就業規則に従って勤務します。学校の授業を受けもちながら、外国人の児童生徒に日本語を教えていきます。

一方で、日本語教師が外部職員として小中学校で教える場合は、指定された時間に学校に行き、授業を行い、終わったら帰宅します。

授業は、学習者である児童生徒にとって、言語的についていくのが難しい授業時間や、放課後に設定されたりすることが多いようです。

たとえば、数学や算数は、日本語が少し不得意でも、数式などの概念《がいねん》を理解する手だてがありますが、国語や社会などは、ある程度日本語がわかるようになり、日本についての知識が備わっていないと、理解が難しいといわれています。そこで、外国人の児童生徒に対しては、これらの科目の授業時間に個別に日本語の授業を設定することがあるのです。習熟度が一人ひとり異なるため、マンツーマンの指導が行われる機会も多いです。

小中学校で外部から訪れて教える日本語教師は、複数の学校を兼務することもあります。外国にルーツをもつ児童生徒が多い学校では、学習者が相当数いて指導に費やす時間も多いのですが、そうでない学校、つまり、外国人の子どもが数人しかいない学校では、日本語の授業自体が少ないためです。

休日については学校の休校日に準じます。

給与《きゅうよ》形態

日本語教師は高収入の職種とはいいがたいですが、多くの人が日本語教育への愛着ややりがいゆえに働き続けています。給与《きゅうよ》は所属先の規定に沿って支払《しはら》われ、非常勤であれば受けもつ授業数によって換算《かんさん》されています。

仕事形態の違《ちが》いによって、報酬《ほうしゅう》がどのような状況《じょうきょう》なのかを見てみましょう。

常勤と非常勤を比較《ひかく》すると、常勤のほうが比較的《ひかくてき》、高収入といわれています。雇用主《こようぬし》ごとに規定が異なり、報酬額《ほうしゅうがく》にも幅《はば》がありますが、もっとも安定している環境《かんきょう》だとされているのが、大学や大学院に勤務する場合です。研究者としての側面もあり、発表論文数などの実績や経験が評価につながり、職位が上がって報酬《ほうしゅう》にも反映されます。同じ常勤でも、ほかの学校で教える場合は評価による増額は例が少ないようで、一般的《いっぱんてき》な月給は、専門学校で20万円程度です。

一方、非常勤は、日本語教師としての力量によって報酬《ほうしゅう》が変わることは少なく、主に働く時間によって報酬《ほうしゅう》が増減します。時給換算《かんさん》で比較《ひかく》してみると、たとえば、ある日本語教師のケースでは、専門学校で授業を担当すると1時間あたり1850円。事業所で実習生に対する授業を担当すると3500円で、大学で留学生を対象にした補講を担当すると5000円でした。

これは同一人物が得た報酬《ほうしゅう》ですが、金額にはばらつきがあります。授業の準備時間がもっとも多く必要だったのは専門学校だったものの、準備時間については報酬《ほうしゅう》に反映されません。また、大学補講のほうが、専門学校より少し高額となりますが、専門学校では、定期的にたくさんの授業数が担当できる一方で大学の授業数は限定的だったそうです。条件を考慮《こうりょ》すると、いずれも労働の対価としては大きな差はないといえます。

大半の非常勤の場合、授業数によって異なるものの、月々受け取る報酬《ほうしゅう》は20万円に満たないといわれています。地域の日本語講座や、小中学校の日本語クラスで教える外部日本語教師も非常勤で、支払《しはら》われる報酬《ほうしゅう》は自治体によりますが、ほぼ同じ水準です。

休日は、学校休校日ではなく、授業のない日ですので不定期となります。地域によって学習者の人数が異なり、授業数の増減により報酬《ほうしゅう》は変動します。

ほとんどの日本語教師が、待遇面《たいぐうめん》の問題を業界の課題としてあげています。これまで評価基準が確立されていなかったことが要因のひとつです。ただ、法改正によって、登録日本語教員という資格が新設されることになったことから、報酬《ほうしゅう》の適正化が進むと期待されています。

日本語教育へのやりがいが支え

どの仕事もそうですが、日本語教師の仕事も決して楽なものではありません。給与面《きゅうよめん》だけをみると、日本語を教えるという教育職であり、日本を支える人材の育成にもかかわる職業でありながら、家族を養おうとすれば厳しい報酬《ほうしゅう》水準です。出勤時間も不規則で、授業の準備やふり返りのために授業以外に多くの時間を費やすことも一般的《いっぱんてき》です。授業時間の倍以上の時間を使って、授業の準備をするという日本語教師も多くいます。工夫を凝らし、準備に力を入れれば入れるほど、自分で決めた時間内に仕事を終えるのが難しいこともあるのです。

日本という国を世界の人びとに理解してもらったり、多文化の人びととの交流を進めたりするために、日本語教育は重要であるとの認識が現在、政策立案者のあいだでも広がっています。同時に、日本語教師にはこれまでになく高い専門性が求められるようになってきました。そこで、政府は２０２３年５月「日本語教育機関認定法」を成立させ、２０２４年４月から登録日本語教員の制度がスタートしました。日本語教師の国家資格化の実現です。日本語教育の質の向上のために、専門知識をもった日本語教師が長く仕事を続けていけるような待遇《たいぐう》の改善が望まれます。

日本にいながらにして多くの異文化の人と出会ったり、外国で日本人以上に日本のことが好きな人に会ったりするのは、日本語教師ならではのおもしろさです。教師と学習者という関係ではありますが、交流を通じて教師が学習者から学ぶことも非常に多いといわれています。日本語教師はそれぞれの現場で日本語と学習者に接しながら、待遇上《たいぐうじょう》の負担を打ち消すほどの大きなやりがいを感じて日々、教壇《きょうだん》に立っています。

これからの日本語教育と日本語教師

日本語教師をめぐる変化と将来

さらに進む他分野との連携《れんけい》、融合《ゆうごう》

分野別の日本語教育が今後一層求められ、日本語教師には、他分野との連携《れんけい》や、越境《えっきょう》して知識を吸収する機会が増えていくとみられています。

ミニドキュメント1で紹介《しょうかい》した介護《かいご》や看護の分野では、日本語教師が専門知識を身につけて教えたり、反対に、すでに現場にいる担い手が日本語教育にたずさわったりしています。もともとは、職業知識と日本語知識を明確に分けて、それぞれの専門家が教えるところからスタートしていましたが、このようなすみ分けは学習者からしてみるとわかりにくく、学習の妨《さまた》げになっていたようです。

ある分野の専門家と、日本語教育の専門家（日本語教師）の連携《れんけい》や融合《ゆうごう》は、介護《かいご》や看護にとどまらず、今後ほかの領域にも広がっていきそうです。たとえば、外国にルーツをもつ子どもの学齢《がくれい》期《き》前の言語学習支援《しえん》。これは、これから在留外国人が増えるにともない、避《さ》けては通れない分野ですが、日本語教育に加えて、幼児教育の専門知識が必要です。

介護《かいご》や看護の分野では、各地の実践例《じっせんれい》がもち寄られて「介護《かいご》の日本語」「看護の日本語」といった職業に特化した教材や教育方法が生まれつつあります。

他分野との連携《れんけい》や融合《ゆうごう》を通して、これまでになかった日本語教育がほかにも開拓《かいたく》されていくとみられています。

日本で暮《く》らすためのスキルとして

日本語教育機関や学校、事業所での日本語教育が充実《じゅうじつ》していく一方で、日本で暮《く》らす外国人が増加した今も、「生活者としての外国人」に対する教育支援《しえん》は、十分に態勢が整えられていません。

学生、児童生徒でなく、就労者でもない外国人、たとえば、働き手である夫とともに来日した妻やその親などです。彼らの受け皿になるのは、地域の日本語教室ですが、そうした教室の多くがボランティアに依存《いぞん》しています。

ボランティアにとっては無報酬《むほうしゅう》で負担が大きく、学習者にとっても、自分のレベルやニーズに応じた学習機会が得られるかどうかはボランティアの資質しだいとなっています。

外国人の生活者が日本で安心して自分らしく暮《く》らしていくためには、日本語という言語だけでなく、文化や歴史、社会問題まで幅広《はばひろ》く学ぶことも必要だという指摘《してき》もあります。こうした周辺知識は、日本語と同様に彼らが日本で暮《く》らすための基盤《きばん》ともいえます。

外国から来た生活者が、日本人とのミスコミュニケーションを減らし、みずから考えて行動できる基盤《きばん》づくりを地域の日本語教室が担う時代になってきています。ここでも日本語教師の活躍《かつやく》が求められていくでしょう。

言語教育環境《かんきょう》の変化

日本語に限らず、言語教育の環境《かんきょう》は変化し

ています。オンライン通信が普及《ふきゅう》し、世界のどこからでも教師と学習者がつながれるようになりました。教材も、これまで書籍《しょせき》が一般《いっぱん》的《てき》だったところに動画が加わり、学習意欲を継続《けいぞく》させるように工夫をしたアプリも開発されています。今後も技術の発達によって、日本語教育・学習の環境《かんきょう》は変化を続けていくとみられます。

やがて人工知能（ＡＩ）の登場によって、既存《きぞん》の職業の多数が失われるといわれています。はたして、日本語教師という職業はこの影響《えいきょう》を受けるのでしょうか。

確実なことはいえませんが、日本語教師の根幹は、多彩《たさい》な学習者のニーズに応えて日本語を教えるということ。取り組む分野には相《そう》互《ご》理解や異文化理解までが含《ふく》まれ、人と人がかかわる生身の仕事こその役割がそこにはあります。使用するツールや環境《かんきょう》などに変化が起こるとはいえ、日本語教師だからこそ果たせる役割は大きく、活躍《かつやく》の余地は多くあるといえるでしょう。

3章

なるにはコース

「どんな人でも」適性あり 学習者に寄り添う気持ちで

教える相手の目的を把握《はあく》

日本語教師に向いているのはどんな人なのでしょうか。この本に登場してくれた人たちの話からは「どんな人でも」という答えが見えてきます。

1章、2章で紹介《しょうかい》した通り、日本語教師の仕事の内容や活動の場面は、とても多様です。大人数の人と接するのが苦手という人でも、教材開発や教授法の研究などで力が発揮できます。また、必ずしも日本語自体に大きな関心がなくても、国際交流などに興味があれば、学習者に寄《よ》り添《そ》ってサポートすることで、平和な社会づくりに貢献《こうけん》することができます。

心構えについては、教える相手がどういった人なのかに注目することが大切です。

日本語を学ぶ目的は学習者によって異なります。必要なのは学習者が学びを通して何を実現したいのかを的確にとらえ、それに寄《よ》り添《そ》うことです。仕事のためであれば収入にかかわる重要な位置づけになります。留学や進学のためであっても同様でしょう。また、日本で暮《く》らすためであれば、日本語教育の質は、そのまま学習者の生活の質に直結します。一方で、趣味《しゅみ》のためという場合もあります。そのような学習者は、専門的な用語や難しい文法の学習はあまり求めず、楽しめる範囲《はんい》で学びたいと希望することもあるでしょう。

すでに紹介《しょうかい》しましたが、地域の外国人を支援《しえん》する日本語教師のなかには、日本の生活習慣も同時に学べるように工夫をしている人もいます。心構えとして、日本語教育はもちろん、日本という国や文化自体への教養・知識も備えておくと、将来役立つでしょう。

多文化共生への理解

そして、複数の日本語教師が口をそろえて言うのは、多文化共生への理解です。日本語教師は、日本人と外国人とのあいだの架《か》け橋になることができる仕事です。

日本語を教えるクラス内では、ときに学習者の文化や国籍《こくせき》が異なることで感情のもつれが生じる可能性もあります。そうした衝突《しょうとつ》が起きないように配慮《はいりょ》して、また、意識せずともそうした衝突《しょうとつ》が起きた時に相互《そうご》理解をうながすことで、さらに学習者同士の理解が進み、親睦《しんぼく》が深まることもあります。違《ちが》う文化から来た人同士が仲良く暮《く》らしていける社会づくり。日本語教師の心構えとして、ぜひ知っておいてほしい事柄《ことがら》です。

学習者が置かれた環境《かんきょう》を知る

日本国内で日本語を勉強する学習者は基本的に「外国人」です。そこで、特に日本で活動する日本語教師の心構えとして強調したいのが、外国人の立場への理解です。日本に滞《たい》在《ざい》するための資格はさまざまあり、それが仕事や生活に影響《えいきょう》を与《あた》えています。たとえば、病気になったり、働いていた会社が倒産《とうさん》したりした時、外国から来た人たちは、日本人とは異なる状況《じょうきょう》に陥《おちい》ります。悪条件が重なると、退去強制といって、日本から出ていかなければならなくなる時もあります。

日本語教師は福祉職《ふくししょく》ではありませんが、彼

らの言語学習には、そうした生活の話題も少なからず入ってきます。多文化共生をめざす観点からも、「外国人」ということで発生する諸問題を理解し、必要に応じて寄《よ》り添《そ》うことも大切な姿勢です。そのために、日本の入国管理の仕組みを知ることも役に立つでしょう。

今からできること

国際社会と日本を知る外国人との交流も一助に

国際社会に興味をもつ

ここまで読んできた人は、「日本語教師に求められること」について、すでに理解が深まっていることと思います。日本語への深い理解、学習者ニーズの把握《はあく》、効果的で楽しい教え方、日本社会や文化の紹介《しょうかい》……。こうしたことがあげられます。ここでは中高生を含《ふく》む読者のみなさんが、日本語教師になりたいと思った時にすぐ取りかかれる、お勧めの準備を紹介《しょうかい》します。

まず、日々のニュースに耳を傾《かたむ》けることです。将来、自分が教えることになる学習者が、ニュースで取り上げられている国の出身者であることも十分に考えられます。もしかしたら、その国に自分が赴任《ふにん》することもあるかもしれません。準備しよう、と固く身構えることはありません。その国がどんな文化をもっているのか、実際に住んでみたらどうだろうか、と想像しながら調べてみるのはどうでしょう。

日本語教師が担当するクラスでは、いっしょに学ぶ学習者が異なる国の人であることもあります。そうした場合、学習者それぞれの背負った文化や政治環境《かんきょう》が、衝突《しょうとつ》を生むこともあります。学習者への配慮《はいりょ》が必要な場面に対応していくためにも、国と国との関係も含《ふく》めて、少しずつ、海外ニュースに理解を深めていくことをお勧めします。日本語教師のみならず、将来かかわるかもしれない、ほかの多くの仕事にもきっと役に立つはずです。

日本にいる外国人を知る

国内ニュースにも、たくさんの情報が含《ふく》まれています。たとえば、日本語教師の仕事は歴史をふり返ってみると国策に左右されてきたことがわかります。政府が打ち出す方針や政策を知ると、日本語教師という職業の先行きを判断することもできます。

なかでも注意を向けてほしいのは、近年、増えている「日本にいる外国人」のニュースです。日本には2023年6月現在、およそ320万人の外国人が暮《く》らしています。いわば、彼らは日本語教師が国内で教える対象です。彼らの置かれた状況《じょうきょう》を知ることは、彼らにどんな言語教育環境《かんきょう》を用意すればいいのかを考える手立てになりますし、地域で見かける外国人の人たちの暮《く》らしをより身近に感じるきっかけになります。

また、興味があれば、地域の国際交流協会などが主催《しゅさい》するイベントに参加して、実際に日本で暮《く》らす外国の人たちと交流してみるのも、よい経験になるでしょう。同じ地域で暮《く》らす者同士が、直に話ができる貴重な機会です。さらに日本にいながらにして複数の文化にふれたり、どのような表現の日本語を使うと伝わりやすいかを肌《はだ》で実感したりすることができます。

外国人が多く暮《く》らす地域の自治体では、日本語を母語としない人を対象に「やさしい日本語」を使って各種情報を提供していることがあります。私たち日本語を母語とする人に向けた情報を「やさしい日本語」に〝翻訳《ほんやく》〟

することは、日本語教師が得意としている作業です。ネットでも公開されているので、「やさしい日本語」と検索してみて、どんな表現なのか、見てみると参考になるでしょう。

外国語学習に注目

英語に限らず、外国語の学習に力を注ぐことは、さまざまな利点があります。一つは、学習者としての経験が、教える時に役に立ちます。外国語として学ぶ言語が日本語でなくても、学ぶプロセスや心理面での変化は、どの言語学習にも共通するところがあります。教師を観察することも役に立つでしょう。どんなふうに教えてもらえるとわかりやすいか、楽しいか。どんな声がけをしてもらえるとうれしいか。「将来、言語を教えるための準備」という視点で授業に臨むと、新鮮で新たな発見があるかもしれません。

日本語プラスαにふれる

日本語教師が教えるのは、日本語という言語にとどまらず、日本の文化や社会にも及《およ》びます。そこで、何か一つでも自分で経験しておくことにより、将来活きてくることがあります。

小中学校の授業でも行われる書道や武道（柔道《じゅうどう》・剣道）も、もちろん該当《がいとう》します。日本語を学ぶ外国人の立場になって考え、どんなところを伝えるとおもしろいか、興味をもってもらえるかなどと想像しながら授業を受けてみてはどうでしょうか。

そのほかにも、もしチャンスがあれば、茶道や華道《かどう》を、地域の文化祭といった催《もよお》しなどを利用して体験してみるといいでしょう。実際に「学ぶ」ことはできなくても、体験したことがきっと役立つはずです。

近年では、こうした伝統的な日本文化に加えて、アニメーションや漫画《まんが》、それに映画や小説など、多様な表現が海外の人たちの関心を集めています。これらも立派な日本文化です。学習者に日本社会に興味をもってもらう大切な窓口になり得ます。

今、あなたにとって好きなものがあれば、

外国の人に紹介《しょうかい》できるくらいに知識や経験を深めていってみてください。それも、日本語や日本文化を外国の人に伝える一助になります。

さまざまな経験が力になる日本語教師へのキャリアパス

日本語教師へ一直線

日本語教師のキャリアパスの中でもっともシンプルなのは、知識と技能を蓄《たくわ》えて、すぐに教師として教え始めることです。

技能を養うには、これまで三つのコースがありました。大学や大学院で日本語教育を専攻して卒業、または修了《しゅうりょう》する、日本語教育能力検定試験に合格する、専門学校などで420時間の養成講座を修了《しゅうりょう》する、というものです。どれか一つでも達成すると、日本語教師として技能があると判断され、教師としての採用につながります。二つ以上だと信頼性《しんらい》がより増します。専門性としては、この中で大学院修了《しゅうりょう》がもっとも評価が高くなります。

この三つにたどり着くには、大学や専門学校で学ぶのが一般《いっぱん》的ですが、なかには、地域で日本語を教えるボランティア養成講座を受講したのち、ボランティアとして実際に教えながら独学するなどして、検定試験を受ける人もいます。

さらに法改正により2024年4月、新しい資格制度が始まりました。日本語教育をより確実に実施《じっし》していくために新設された資格で、これから日本語教師をめざす人にとって、主要な目標になると見られています。

ほかの職業を先に経験

日本語教師として働けるレベルにまで専門性を高めたあと、あえてすぐに教師として教え始めないという選択肢もあります。特定分野の日本語を学びたい学習者のニーズに応えるために、その分野での知識を蓄《たくわ》え、現場感覚を養うパターンです。

たとえば、EPA介護福祉士候補者《かいごふくししこうほ》の増加でニーズの高まっている「介護《かいご》の日本語」。これは、介護《かいご》の現場で使われる言葉や表現、コミュニケーションの方法に特化した日本語です。従事者が使う専門用語だけであれば、書籍から学んで教えることもできますが、現場でのコミュニケーションの特徴《とくちょう》は、現場にいなければ知り得ません。日本語教師のなかには、介護《かいご》に従事する外国人に日本語を教えるために、まずは介護施設《かいごしせつ》で働いてみる人がいます。

人生の途中からめざす

別の職業に就いていたり、仕事をしていなかったりした人が、思い立って日本語教師になるケースもあります。日本語教師は三つのコースのうち、どれか一つでもクリアすると就職の機会が開けるので、歳や性別、前職の種類に関係なく、めざすことが可能です。

過去の職業や、それまでの生活で得た知識や経験が活かせます。先ほど「介護《かいご》の日本語」への理解を深めるために、日本語教師になったあとで現場経験を積む人がいると紹介《しょうかい》しましたが、同様に、日本語教師になる前に他業種を経験していることで、学習者のニーズにプラスになることがあるのです。

今後は、さまざまな分野で外国人の活躍《かつやく》が期待され、彼らが必要とする〝特定分野の日本語〟も幅広《はばひろ》くなっていくと考えられます。日本語教師になろうと思い立った時点で、自分の過去の経験を総ざらいしてみることも役立ちます。社会人になってからでも、これまでの経験が何かしら活かせるのでは、と思いを巡《めぐ》らせてみるとよいでしょう。

近年では、50～60代で日本語教師になるケースも多くみられます。報酬《ほうしゅう》の面も影響《えいきょう》しているかもしれません。人にはライフステージに合わせて、安定した収入やある水準以上の所得がほしいと考える時期があります。そうした時期を過ぎ、あらためて国際貢献《こうけん》、人材育成という点に魅力《みりょく》を感じて日本語教師をめざそうと思い立つ人たちが増えています。

日本語教師として働き続けることは、高収入を得にくい面もあります。「大学を卒業してすぐに飛び込むにはためらいがあった」という若い日本語教師もいれば「今、とても充実している」というベテランの日本語教師もいます。「めざそうとなったらいつでも始められる」を利点ととらえ、長い目でキャリアパスを考えてみることも可能な職業なのです。

そして、その先へ

日本語教師として職を得た後も、専門性を生かしてキャリアを積んでいく道があります。たとえば、地域日本語教育コーディネーターとして、地域の日本語教育に貢献《こうけん》するなどです。

日本語を教える人材を海外派遣《はけん》している国際交流基金では、複数の派遣《はけん》プログラムを設けています。くわしくは146ページに紹介《しょうかい》します。

日本語教師養成課程は全国の大学で実施。通信課程も

日本語教師養成課程をもつ大学

日本語教師になりたいと思った時、目標となる日本語教師の姿は、さまざまあります。そのひとつとして想定できるのが、法務省が告示、つまり、国が認定した日本語教育機関で教える人材です。留学生に日本語を教える専門学校などがそれにあたり、地域の日本語教室は含《ふく》みません。こうした学校で教える日本語教育人材をどのように養成していくのかという点について、国の「文化《ぶんか》審議会《しんぎかい》国語《こくご》分科会《ぶんかかい》」が検討を重ね、日本語教師を養成する時に「必須《ひっす》となる教育内容」として示しています。

法務省《ほうむしょう》告示の日本語教育機関で勤務できる日本語教師を養成する場合、必須《ひっす》の教育内容は、教育課程にすべて含《ふく》むことが求められています。日本語教師養成課程をもつ大学や大

学院は、そうした決まりに沿って課程を編成していくことになっています。この求めに対応済み、もしくは対応を検討中の大学の一覧が、＊「日本語教師養成課程を実施《じっし》する大学」として文化庁のホームページで公表されていますので、参考にしてみてください。

一覧によると、該当《がいとう》する大学は全国にあります。養成課程を担当するのは外国語学部だったり教育学部だったりとさまざまです。なかには、デザイン学部や音楽学科というケースもあります。

２０２４年度に新設された登録日本語教員の国家資格を取得したい場合も、大学での養成課程で学ぶことがステップになり得ます。登録日本語教員になるためには、まず、日本語教員試験に合格し、加えて、文部科学大臣の登録を受けた登録実践《じっせん》研修機関が実施《じっし》する実践《じっせん》研修を修了《しゅうりょう》する必要があります。ただ、この日本語教員試験のうち基礎試験は、「登録日本語教員養成機関」で日本語教員養成課程を修了《しゅうりょう》した人には免除されることから、その大学が「登録日本語教員養成機関」の認定を受けていれば、課程修了《しゅうりょう》時に試験もクリアしたことになります。登録日本語教員養成機関の認定も、日本語教員試験も、２０２４年５月現在では未実施《じっし》のためデータはありませんが、今後の動向を追っていくには、制度を所管する文部科学省のサイト内、日本語教育のページが参考になります。

＊文化庁「日本語教師養成課程を実施する大学」
https://www.bunka.go.jp/seisaku/kokugo_nihongo/kyoiku/kyoin_kenshu/pdf/94034501_01.pdf

多様な「必須《ひっす》の教育内容」

では、学ぶ内容はどうでしょうか。「必須《ひっす》の教育内容」は、文化審議会国語分科会の資料で見ることができます。1から50まで番号が振《ふ》られており、内容は多様です。

たとえば、1番目は、「世界と日本の社会と文化」。続いて「日本の在留外国人施策」「多文化共生（地域社会における共生）」が並《なら》びます。領域別でいうと、これらはいずれも社会・文化・地域にかかわる領域です。

50までの番号のうち、言語にかかわる領域として、「言語学習」（15番）、「学習ストラテジー」（17番）などもあります。「教材分析《ぶんせき》・作成・開発」（25番）として教材に関することも学びますし、「日本語教育とＩＣＴ」（35番）、「著作権」（36番）など情報に関するものもあります。

そして、コミュニケーション能力の向上をめざして、「対人関係能力」（49番）、「異文化調整能力」（50番）などが終盤《しゅうばん》に加えられています。

「必須《ひっす》の教育内容」には、単位数も表示されています。単位というのは、学習する時間の長さのことです。このリストでは、1単位は15時間となっています。26単位以上がほとんどですが、なかには45単位以上などのところもあります。

45単位以上の、つまり時間が長い養成課程は主専攻《しゅせんこう》として学ぶコースです。文学部や日本語学科といった、日本語に深くかかわる学部・学科が主に実施《じっし》しています。

通信課程なども選択肢《せんたくし》に

大学がある場所の多くは、首都圏《しゅとけん》などの大きな都市となっています。しかし、地方都市だと学ぶ機会が限られる、ということではありません。ほぼどの都道府県でも養成教育を受けられる大学があり、45単位以上の課程も実施《じっし》されています。

また、大学のなかには、通信課程を設けているところもあります。主専攻《しゅせんこう》として学べる45単位以上の課程も含《ふく》まれます。近くの大学に養成課程がなかったり、事情により該当《がいとう》する大学に実際に通えなかったりした時には、通信課程も有効な選択肢《せんたくし》になるでしょう。

能力を客観的に検定する キャリアチェンジ&アップに

日本語教育能力が基《き》礎《そ》的《てき》な水準に達しているかを検定

日本《にほん》語《ご》教育《きょういく》能力《のうりょく》検定《けんてい》試験《しけん》は、日本語教師になりたい人が通るいくつかの道のうちの一つです。働くにあたってこの試験に合格していなければならないということはありませんが、能力を客観的に測ることができます。そのため、日本語教師になろうと勉強をしている人だけでなく、すでに日本語教育にたずさわっている人も受験しています。

実施《じっし》しているのは、文化庁などの後援《こうえん》を受けた公益財団法人日本《にほん》国際《こくさい》教育《きょういく》支援《しえん》協会《きょうかい》です。試験の目的は、「日本語教育の実践《じっせん》につながる体系的な知識が基《き》礎《そ》的《てき》な水準に達しているかどうか、状況《じょうきょう》に応じてそれらの知識を関連づけ多様な現場に対応する能力が基《き》礎《そ》的《てき》な水準に達しているかどうかを検定すること」とされています。つまり、日本語教師として基礎的《きそてき》な能力を備えているかを検定することをめざしています。能力をレベルに分けて認定するのではなく、あくまでもエントリーレベルに達しているかを測る試験となっていま す。

試験は毎年、全国の主要都市で行われています。試験は3種あり、試験Ⅰ（90分、100点）は、日本語教育の実践《じっせん》に必要な基本的な知識を測定します。試験Ⅱ（30分、40点）は、試験Ⅰや試験Ⅲで問われる内容を、音声を介《かい》した出題形式で問います。試験Ⅲ（120分、100点）は、基本的な問題解決能力をみます。これを一日で終えるスケジュールです。一部を除いて、マークシート形式で答えます

出題範囲《はんい》は、五つの分野にわたっています。「1 社会・文化・地域」「2 言語と社会」「3 言語と心理」「4 言語と教育」「5 言語一般《いっぱん》」です。国の「文化審議会国語分科会」が示した、養成課程における必須《ひっす》の学習内容に重なります。

受験者数の内訳と推移

日本語教育能力検定試験には、どれくらいの人が受験し、合格しているのでしょうか。2023年度の受験者は8211人、合格者は2542人でした。合格率は30%ほどです（図表3）。合格率はあくまでも参考で難易度を測るものではありませんが、10人受けて3

人合格するかどうかという状況《じょうきょう》だったことがわかります。

また、協会によると、２０２３年度の受験者に、この受験が何回目かを聞いたところ、もっとも多かったのは「初回」で５６３６人でした。過去の10年の統計をさかのぼっても、「初回」と答えた人が毎回半数以上にのぼっています。続いて「２回目」が１３２３人と多く、「３回目」は６２２人、「４回目以上」は４７９人と、複数回受験する人も少なくないようです。

受験者数は、合格者数とともに年々変化しています。１９９０年代は５０００人から６０００人台で推移し、その後２０１０年代に４０００人台にまでいったん落《お》ち込《こ》んだ後、再び増加。２０１９年度には９０

図表3　応募者・受験者・合格者の推移

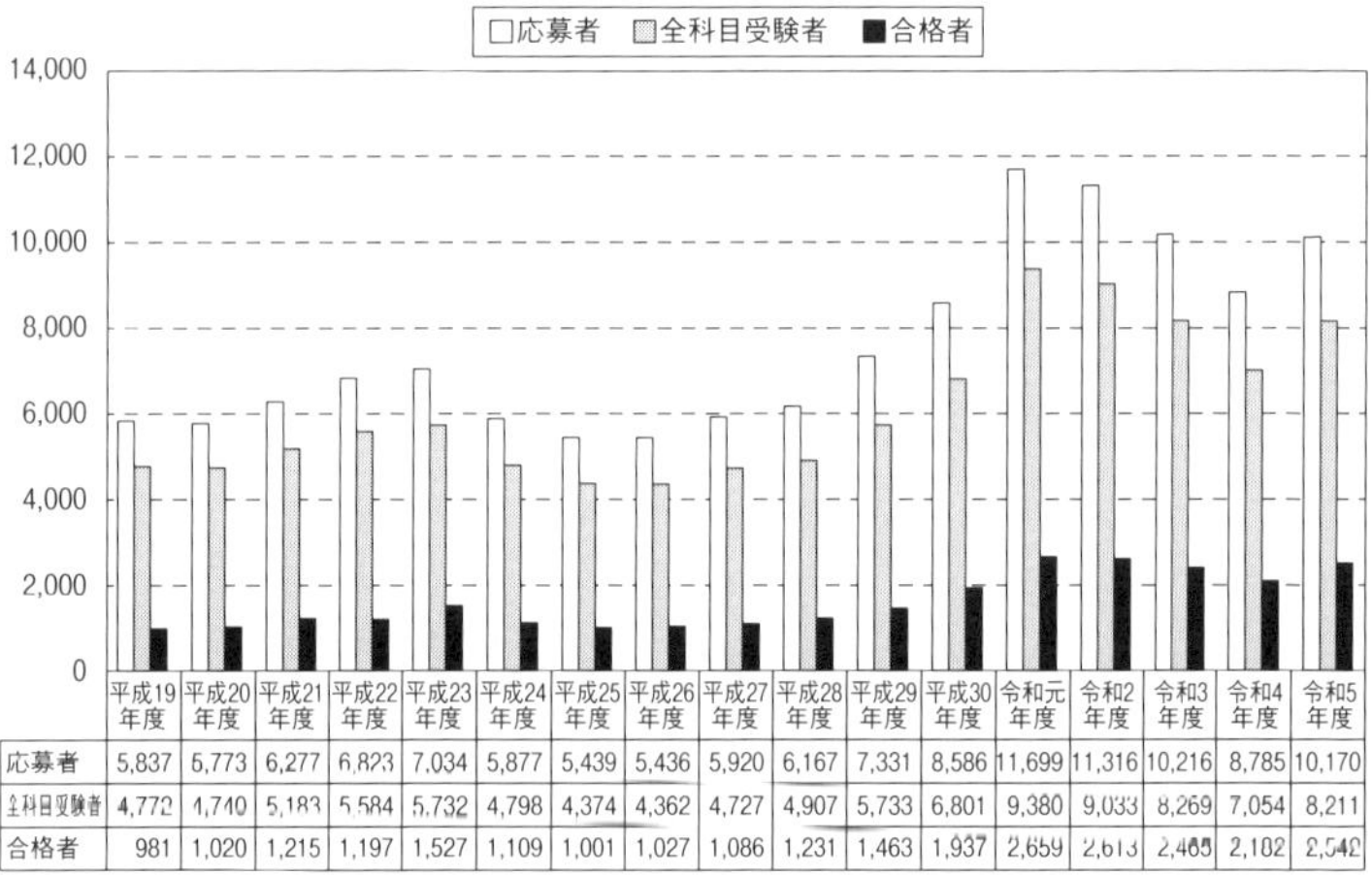

	平成19年度	平成20年度	平成21年度	平成22年度	平成23年度	平成24年度	平成25年度	平成26年度	平成27年度	平成28年度	平成29年度	平成30年度	令和元年度	令和2年度	令和3年度	令和4年度	令和5年度
応募者	5,837	5,773	6,277	6,823	7,034	5,877	5,439	5,436	5,920	6,167	7,331	8,586	11,699	11,316	10,216	8,785	10,170
全科目受験者	4,772	4,740	5,183	5,584	5,732	4,798	4,374	4,362	4,727	4,907	5,733	6,801	9,380	9,033	8,269	7,054	8,211
合格者	981	1,020	1,215	1,197	1,527	1,109	1,001	1,027	1,086	1,231	1,463	1,937	2,659	2,613	2,465	2,182	2,542

日本国際教育支援協会ホームページより

００人を超《こ》えました。一方、合格者数は１０００人前後で推移し、同じく２０１９年度に２０００人を超《こ》えています。

　つぎに、どんな人が受験しているかも見てみましょう。

　受験者を男女別にみると、２０２３年度は男性２１２０人、女性６０９１人で女性が男性の２・５倍でした。過去のデータからも、女性が男性より２倍以上多いという傾《けい》向《こう》が、長く続いていることがわかります（図表４）。

　年齢別《ねんれいべつ》では、２０２３年度は60歳《さい》以上が１５１４人、50歳代《さいだい》が２１４６人、40歳代《さいだい》が１６７８人、30歳代《さいだい》が１２５３人、20歳《さい》代《だい》が１５７６人、20歳《さい》未満が44人でした。割合の細かな変化はありますが、10年ほど

図表4　受験者の男女別推移

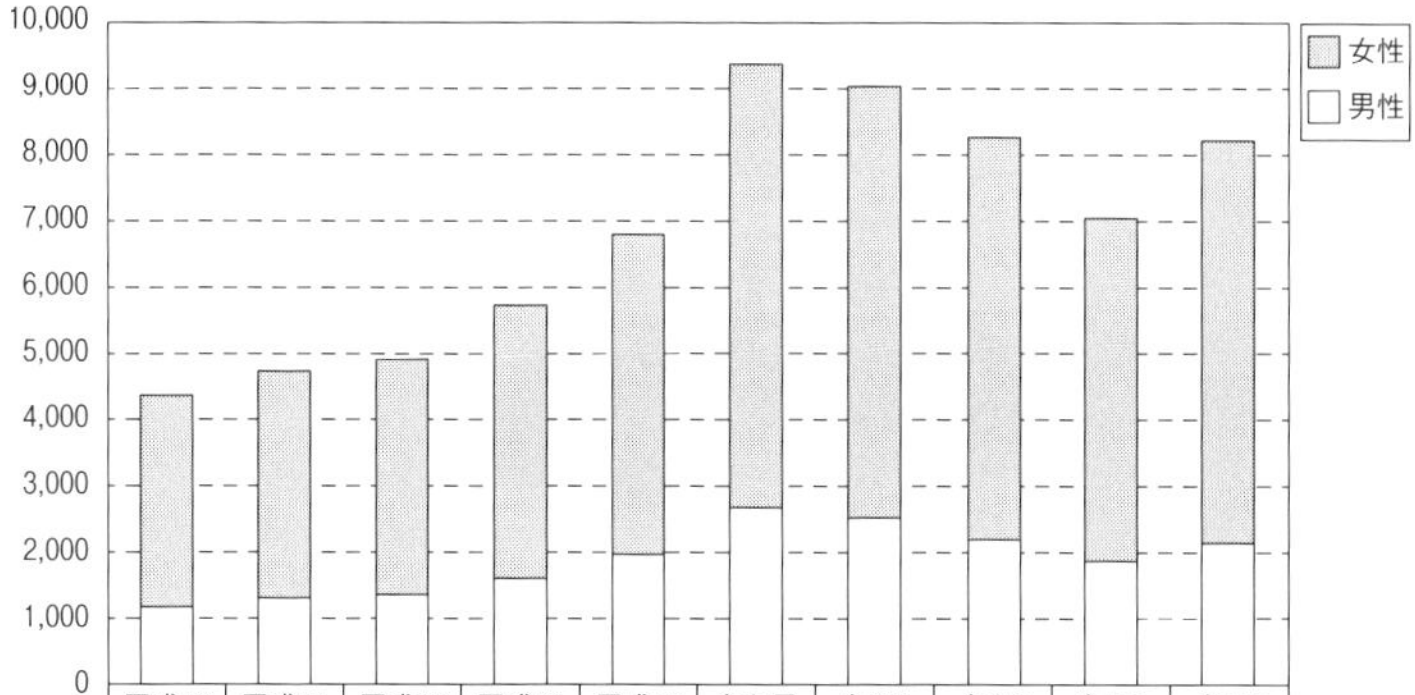

	平成26年度	平成27年度	平成28年度	平成29年度	平成30年度	令和元年度	令和2年度	令和3年度	令和4年度	令和5年度
女性	3,186	3,416	3,544	4,127	4,833	6,705	6,509	6,078	5,188	6,091
男性	1,176	1,311	1,363	1,606	1,968	2,675	2,524	2,191	1,866	2,120
計	4,362	4,727	4,907	5,733	6,801	9,380	9,033	8,269	7,054	8,211

日本国際教育支援協会ホームページより

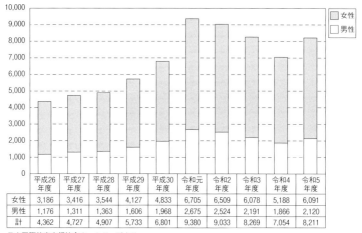

図表5 受験者の年代別推移

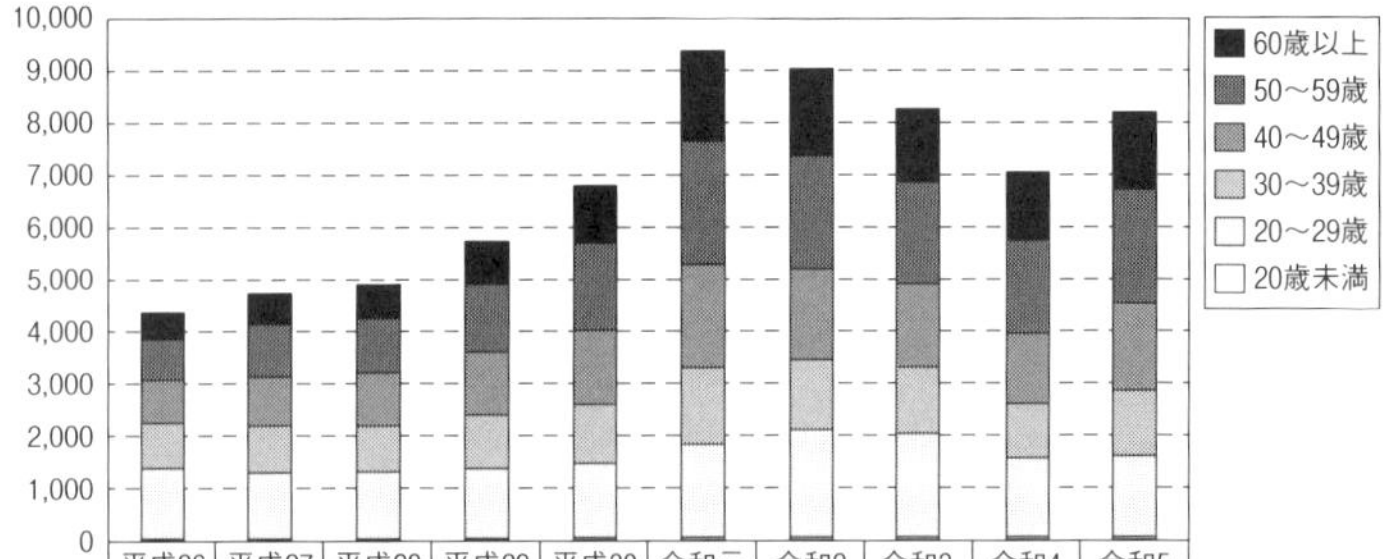

	平成26年度	平成27年度	平成28年度	平成29年度	平成30年度	令和元年度	令和2年度	令和3年度	令和4年度	令和5年度
60歳以上	515	596	661	816	1,094	1,736	1,669	1,407	1,286	1,514
50〜59歳	775	999	1,034	1,310	1,690	2,353	2,163	1,935	1,800	2,146
40〜49歳	821	937	1,019	1,209	1,417	1,992	1,749	1,596	1,338	1,678
30〜39歳	867	898	882	1,030	1,129	1,468	1,343	1,285	1,039	1,253
20〜29歳	1,352	1,270	1,285	1,332	1,425	1,777	2,055	1,979	1,537	1,576
20歳未満	32	27	26	36	46	54	54	67	54	44
合計	4,362	4,727	4,907	5,733	6,801	9,380	9,033	8,269	7,054	8,211

日本国際教育支援協会ホームページより

図表6 受験者の職業別数・比率

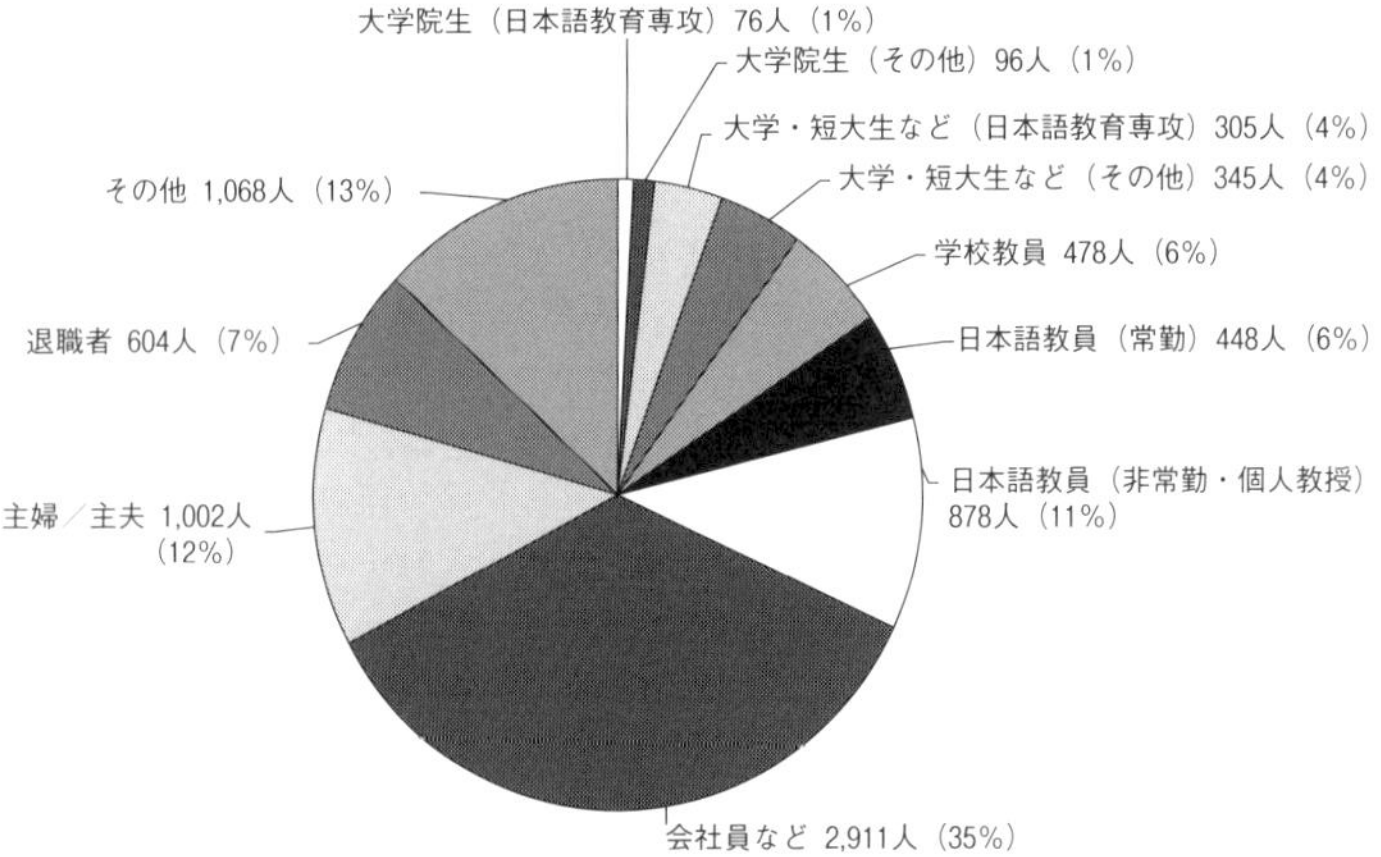

令和５年度。日本国際教育支援協会ホームページより

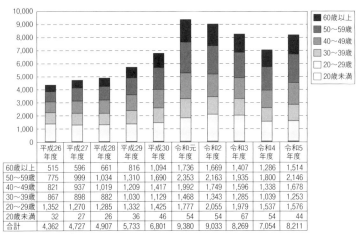

さかのぼってみても、20歳《さい》未満を除いて目立った偏《かたよ》りはありません。どの世代もほぼ均等に受験者がいる状況《じょうきょう》がわかります（図表5）。

職業別のデータもあります。２０２３年度の受験者の職業を多い順に並《なら》べると、会社員など（35％）、主婦／主夫（12％）、日本語教員（非常勤、個人教授）（11％）、退職者（7％）、日本語教員（常勤）（6％）、学校教員（6％）、大学・短大生など（日本語教育専攻）（4％）、大学・短大生など（その他）（4％）などとなっています（図表6）。会社員が多いことからも、キャリアチェンジをめざす人の姿がうかがえます。

最後に受験目的について紹介《しょうかい》しておきましょう。協会の統計によると、２０２３年度の受験者に目的を尋《たず》ねたところ、目立って多い回答が四つありました。「法務省告示日本語教育機関で日本語を教えるため」（24％）、「海外で日本語を教えるため」（19％）、「日本語教育に関する専門的知識のブラッシュアップのため」（16％）、「地域で日本語を教えるため」（15％）です。いずれも仕事に直結するもので、統計からは、受験者の受験に懸《か》ける意気込《いきご》みも感じることができます。

養成講座を修了する

修了までに必要な単位数420時間を専門学校などで学ぶ

大学以外で学ぶ

日本語教師として働くための道として、大学の専門コース修了《しゅうりょう》、日本語教育能力試験の合格と並んで一般《いっぱん》的なのが、専門学校などで行われる420時間の養成講座修了《しゅうりょう》です。

420時間とは修了《しゅうりょう》までに必要な単位数のことです。日本語教師になるために必要な要素が網羅《もうら》されています。「社会・文化・地域」「言語と社会」「言語と心理」「言語と教育」「言語」の五つの分野からなり、日本語教師を養成する大学の専門コースと同じく、言語だけでなく社会のことや、心理面の作用なども学びます。

「大学の専門コースで学ぶ」でもふれた通り、日本語教師養成については、国の新しい基準により必須の教育内容が定められました。これにより、420時間の養成講座でも、その教育内容を含めることが求められるようになっています。この基準を満たした講座は、文化庁に届出《とどけで》をし、受理された講座（文化庁届出《とどけで》受理講座）として、それぞれの学校や講座の募集《ぼしゅう》情報に明記されています。

自分の進路に合わせて講座選択《せんたく》

養成講座には、文化庁届出《とどけで》受理講座ではないものもあります。文化庁届出《とどけで》受理講座の修了《しゅうりょう》は、留学生を受け入れられる日本語学校で働くためには現在、必須条件となっているため、それ以外の講座を修了《しゅうりょう》した場合、資格が得られません。

ですから、どの養成講座を選ぶかの判断は、日本語教師としてどのようなキャリアを積んでいきたいのか、あるいは、どのような場所で、どのような人たちに教えたいのかによって、変わってきます。たとえば、地域の公共施設《しせつ》で、生活者としての外国人に日本語を教えることを目標にしていれば、文化庁届出《とどけで》受理講座であるかは仕事を得るうえであまり問題になりません。

ちなみに、留学生を受け入れられる日本語学校のことを、法務省告示校と呼びます。法務省が定めた基準を満たした学校のことです。国は、日本語を学ぶために来日する留学生にビザを発給しますが、そのために適切な教育機関を明確にしているのです。

法務省告示校で働くための資格は、４２０時間の養成講座修了《しゅうりょう》によって得られるとされています。ただし、養成講座修了《しゅうりょう》者なら全員が資格を得られるわけではなく、学士資格、つまり大学を卒業した学歴が必須条件です。大学卒業者でない場合は、日本語教育能力検定試験の合格が合わせて必要になります。

期間や費用はさまざま

養成講座を持っている学校は、全国にあります。多いのは関東と関西というふうに偏りはありますが、北は北海道《ほっかいどう》から南は沖縄《おきなわ》まで、時には一つの都道府県に複数の学校が開校しています。

費用や期間は、学校や講座によって大きく異なっています。費用は50万円前後のものが比較的多いようですが、中には、60万円を超えるものもあります。ただし、教育訓練給付金の対象となっていたり、学生向けの割引もあったりするので、その時々の自分の立場によっても費用は変動します。

期間は通学頻度《ひんど》によって変わります。たとえばある講座は、週1、2回の通学で14カ月となっていました。これと同じ内容のコースは、動画視聴と対面授業を組み合わせると、6カ月で修了《しゅうりょう》となっています。また、平日の日中のコースを利用すると、最短で3カ月で修了《しゅうりょう》できる講座もあります。

通信で学べる講座もあります。通信講座の開設にはいくつかの条件をクリアする必要があるため、すべての学校が提供しているわけではありませんが、おおむねどの地方にも、通信講座をもっている学校があります。

就職

教える相手で異なる就職先 海外派遣でステップアップも

自分がめざす将来によって道は複数ある

日本語教師の就職先は、教える相手が誰《だれ》なのかによっていくつか道が分かれています。日本の大学への進学や、日系企業《きぎょう》への就職をめざす留学生を教えるのであれば日本語学校、すでに大学で学んでいる留学生に教えるのであれば大学となります。また、外国にルーツをもつ地域の子どもたちや住人に教える場合は、コミュニティ単位で講座を運営する国際交流協会などの団体になるでしょう。

一般《いっぱん》的に働き方には常勤と非常勤がありますが、日本語教師の仕事では、非常勤のポストが多く、常勤は機会が限られます。そこで、非常勤で働く日本語教師は、生計を立てるためにも、複数の非常勤の仕事をかけもちするケースも少なくありません。複数の就職先をもっているというわけです。

就職には、日本語教師になるためにたどった道が影響《えいきょう》します。たとえば、大学の、特に常勤の仕事を得るためには、大学の養成コースを修了《しゅうりょう》し、大学院にも進学して、教材開発などさらに特化した専門領域を研究した人材が求められます。加えて、２０２４年度からの登録日本語教員資格の新設によって、この国家資格の有無が就職にも大きく影響《えいきょう》するようになると見られています。

その他の就職先でも、大学の養成コース修了《しゅうりょう》者は評価が高くなりますが、採用選考では、こればかりではなく、実際に教えた経験なども考慮《こうりょ》されます。そこで、無給のボランティアも含《ふく》めたスタートしやすい仕事から始め、経験を積んでいきながら、仕事の幅《はば》を広げたり、待遇面での向上をめざしたりする人もいます。

海外への派遣《はけん》という選択肢も

日本語教師のステップアップの道として、もっともよく知られているものの一つが、国際交流基金のキャリアパスです。本人のレベルにあったポジションに応募《おうぼ》し、採用されれば派遣された場所で働くことができる、つまり就職することができるので、紹介《しょうかい》しておきます。

国際交流基金の派遣《はけん》事業は、求められる日本語教育の経験や資格ごとに、ポジションがいくつかあります。キャリアを始めたばかりの人であれば、「米国若手日本語教員」「日本語指導助手」「ＥＰＡ日本語講師」という肩書で海外に派遣《はけん》されます。経験を積んだ上級者であれば、海外では「日本語専門家」「日本語上級専門家」として、国内では「日本語教育専門員」などとして、国内外で日本語教育にたずさわります。

エントリーレベルのポジションから応募《おうぼ》していき、順にステップアップを図る人もいます。つぎの応募までのあいだに、国内の日本語学校などで教えたり、また大学や大学院に進学して専門性を高めたりする人もいます。経験や知識を自分でデザインしながら、つぎの就職につなげていくイメージです。

この派遣《はけん》事業では、日本語教育の経験や資格がまったくない人でも応募《おうぼ》できる「日本語パートナーズ」というポジションもあります。「日本語を教えることに興味のある方であれば、どなたでも挑戦《ちょうせん》できます！」（国際交流基金）という案内が示す通り、派遣《はけん》された人は、日本語教育を主体的に行うというよりも、授業のアシスタントや日本文化の紹介《しょうかい》を行うことが求められます。もちろん、有償の仕事です。「日本語教師としての就職」とは少し異なりますが、将来の就職のために活かせる経験、準備ができます。

このほか、国際協力機構《こくさいきょうりょくきこう》（ＪＩＣＡ）が行っている海外協力隊事業でも、日本語教師を対象とした派遣《はけん》があります。生活費や渡航《とこう》費などが支給されます。ここでの仕事をキャリアデザインのための選択肢《し》に入れている日本語教師も少なくありません。

就職に関しては、社会の情勢も影響《えいきょう》します。現に、2024年に登録日本語教員制度が新設され、特定の教育機関ではこの資格が採用の条件になることが決まっています。

フローチャート　日本語教師

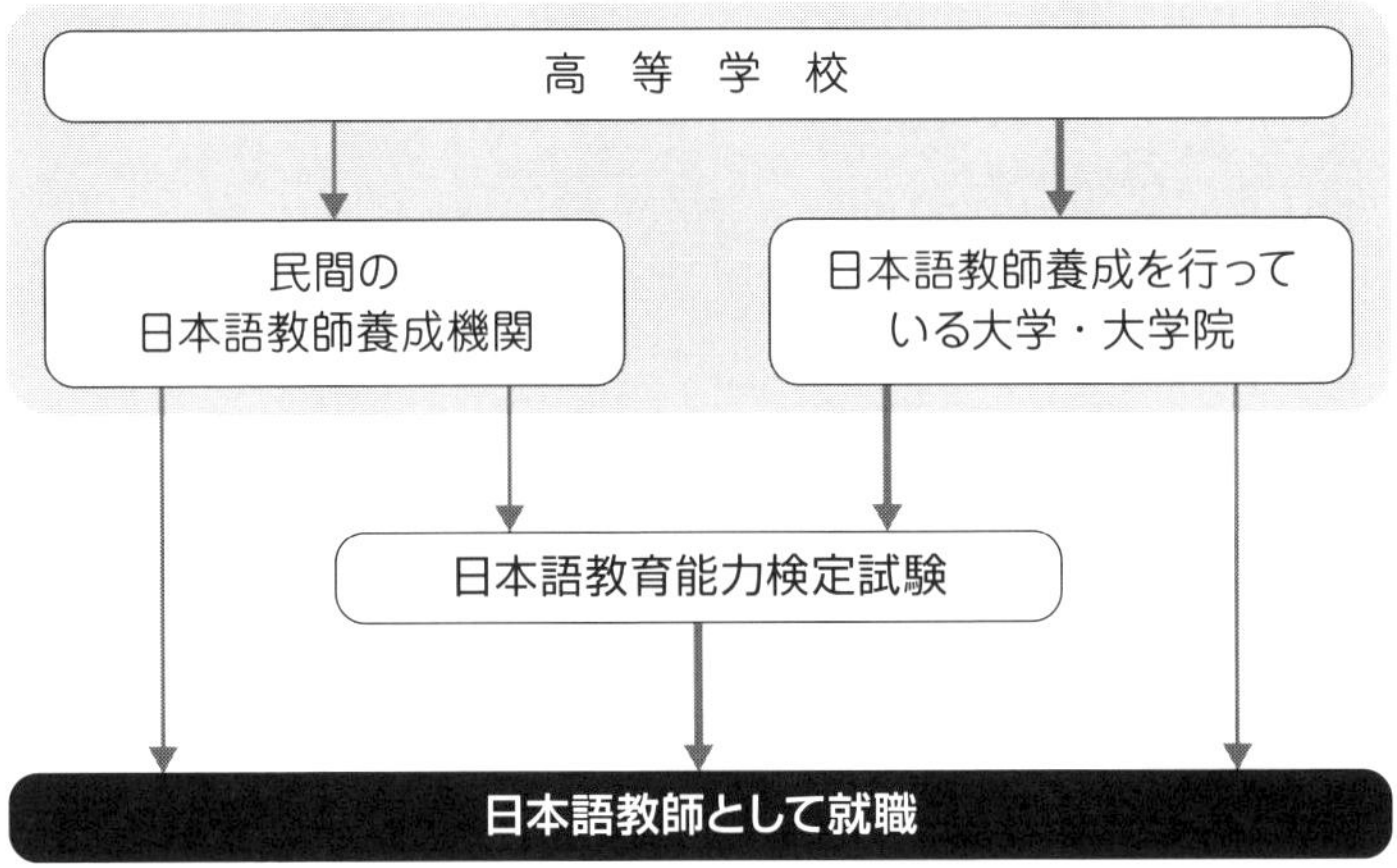

※ 2024年度に登録日本語教員の資格が新設されたことから、日本語教師として就職するためのルートはこの図の矢印以外にも出てきました。最新の情報を確認することをお勧めします。

なるにはブックガイド

『上級日本語教材　日本がわかる、日本語がわかる―ベストセラーの書評エッセイ 24―』

田中祐輔編著
凡人社

日本で実際に親しまれている文章を素材に日本語の理解を深める教材で、１章に登場した田中祐輔さんが手がけています。教材がどんなものなのか興味がある人にお勧めです。

『日本人の知らない日本語　なるほど～×爆笑！の日本語“再発見”コミックエッセイ』

蛇蔵&海野凪子著
メディアファクトリー

日本語教師が主人公の漫画です。個性豊かな外国人生徒たちがくり出す日本語の質問に、主人公がどう答えるのか。日本語の知識があってはじめて日本語教師ができるのだと、納得させられる作品です。

『かけ橋の石ずえ―日本語教師のライフヒストリー―』

三枝優子・高宮優実著
文教大学出版事業部

文教大学の養成コースから巣立ち国内外で活躍する日本語教師らが、人生や仕事について書いた本です。「日本語教師になりたい人たちの夢を後押し」する先輩たちのメッセージが詰まっています。

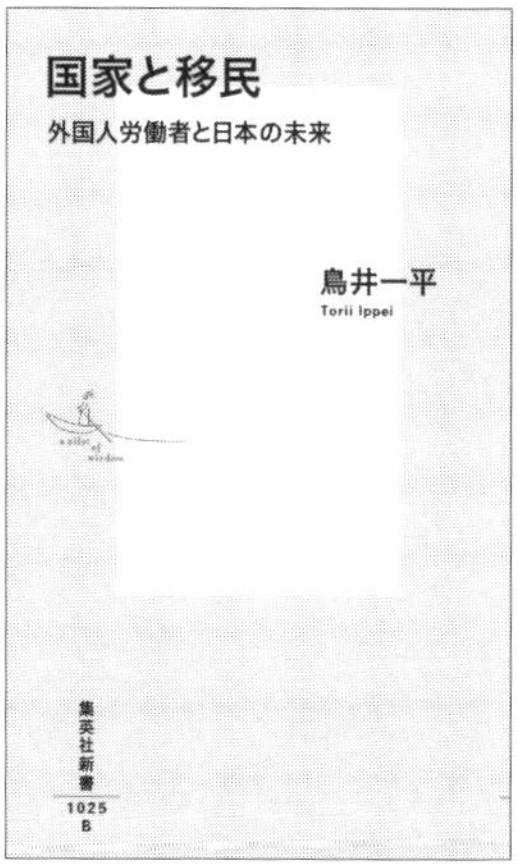

『国家と移民　外国人労働者と日本の未来』

鳥井一平著
集英社新書

在留外国人の権利を守る活動を続け、ＮＨＫ「プロフェッショナル仕事の流儀」でも紹介された鳥井一平さんの著書です。日本で暮らす外国人が直面する問題を、わかりやすく解説しています。

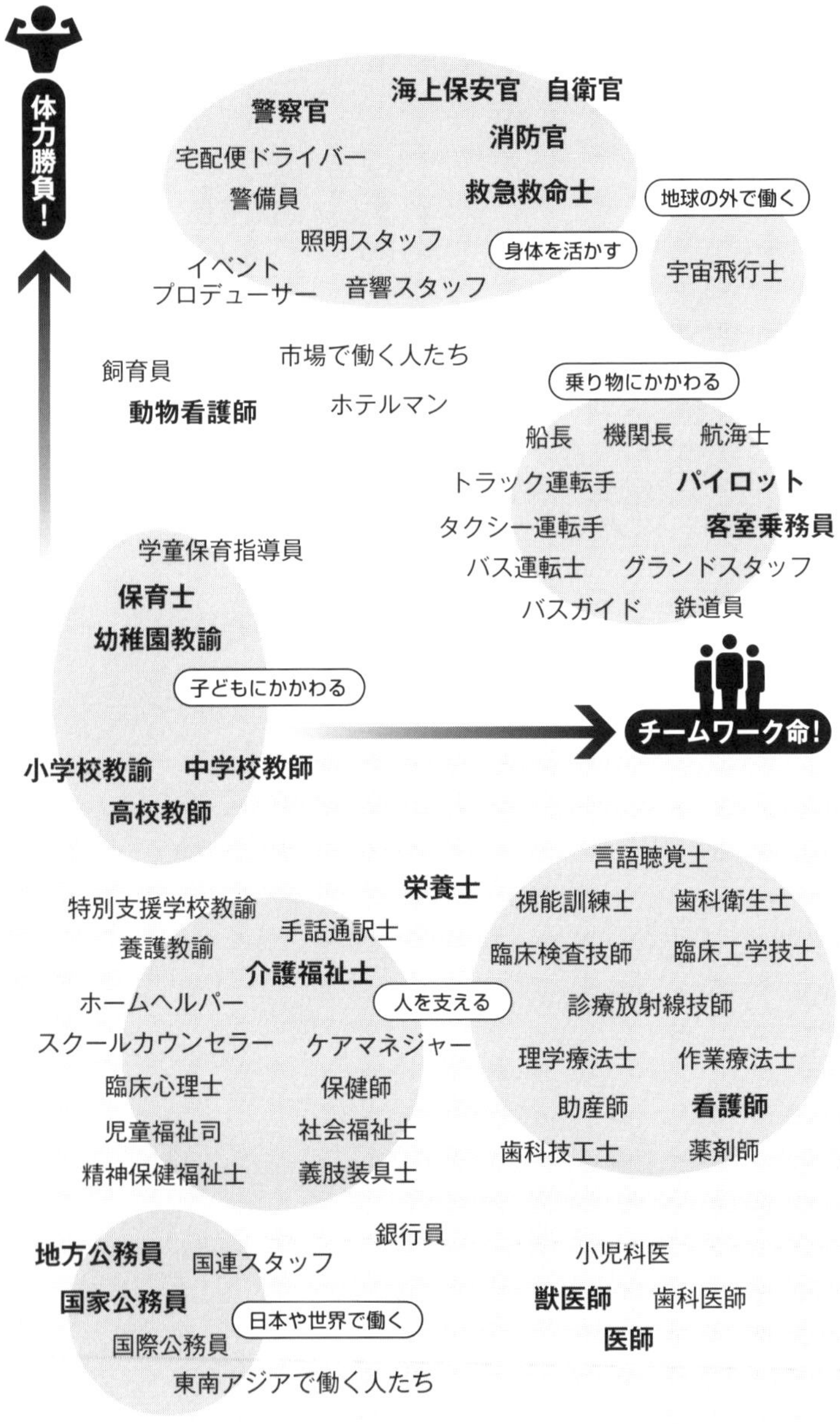
体力勝負!
チームワーク命!
身体を活かす
海上保安官
自衛官
警察官
消防官
宅配便ドライバー
警備員
救急救命士
照明スタッフ
イベントプロデューサー
音響スタッフ
地球の外で働く
宇宙飛行士
飼育員
市場で働く人たち
動物看護師
ホテルマン
乗り物にかかわる
船長
機関長
航海士
トラック運転手
パイロット
タクシー運転手
客室乗務員
バス運転士
グランドスタッフ
バスガイド
鉄道員
子どもにかかわる
学童保育指導員
保育士
幼稚園教諭
小学校教諭
中学校教師
高校教師
人を支える
言語聴覚士
栄養士
視能訓練士
歯科衛生士
特別支援学校教諭
手話通訳士
養護教諭
臨床検査技師
臨床工学技士
介護福祉士
ホームヘルパー
診療放射線技師
スクールカウンセラー
ケアマネジャー
理学療法士
作業療法士
臨床心理士
保健師
助産師
看護師
児童福祉司
社会福祉士
歯科技工士
薬剤師
精神保健福祉士
義肢装具士
日本や世界で働く
銀行員
地方公務員
国連スタッフ
小児科医
国家公務員
獣医師
歯科医師
国際公務員
医師
東南アジアで働く人たち

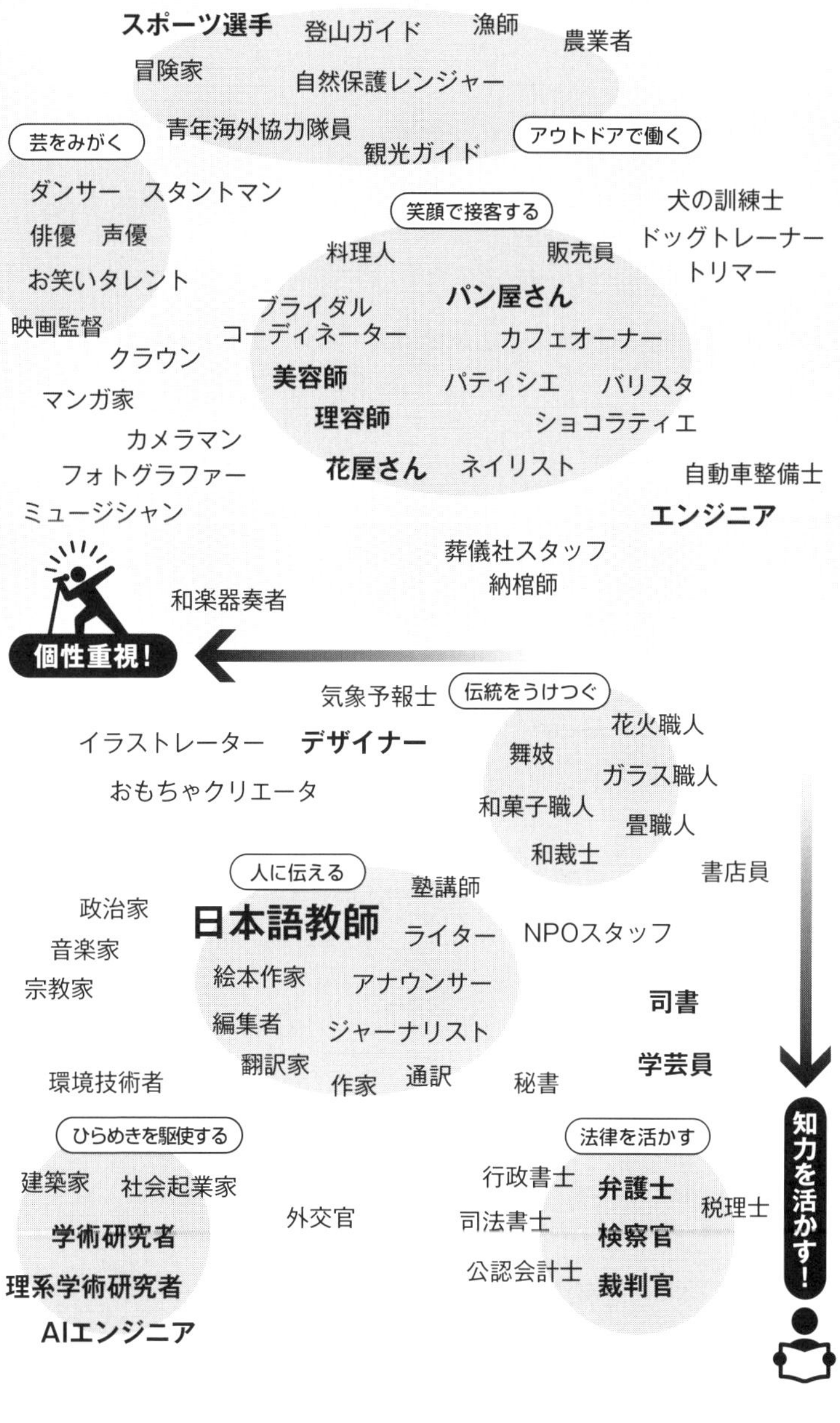

スポーツ選手
登山ガイド
漁師
農業者
冒険家
自然保護レンジャー
青年海外協力隊員
観光ガイド
アウトドアで働く
芸をみがく
ダンサー
スタントマン
俳優
声優
お笑いタレント
映画監督
クラウン
マンガ家
カメラマン
フォトグラファー
ミュージシャン
和楽器奏者
個性重視!
笑顔で接客する
料理人
販売員
パン屋さん
ブライダルコーディネーター
カフェオーナー
美容師
パティシエ
バリスタ
理容師
ショコラティエ
花屋さん
ネイリスト
犬の訓練士
ドッグトレーナー
トリマー
自動車整備士
エンジニア
葬儀社スタッフ
納棺師
気象予報士
伝統をうけつぐ
花火職人
舞妓
ガラス職人
和菓子職人
畳職人
和裁士
イラストレーター
デザイナー
おもちゃクリエータ
書店員
人に伝える
塾講師
政治家
日本語教師
ライター
NPOスタッフ
音楽家
宗教家
絵本作家
アナウンサー
司書
編集者
ジャーナリスト
翻訳家
作家
通訳
秘書
学芸員
環境技術者
ひらめきを駆使する
建築家
社会起業家
学術研究者
理系学術研究者
AIエンジニア
外交官
法律を活かす
行政書士
弁護士
税理士
司法書士
検察官
公認会計士
裁判官
知力を活かす!

【参考図書】

『新・日本語教育を学ぶ―なぜ、なにを、どう教えるか』遠藤織枝編著、岩田一成ほか著、三修社
『新・はじめての日本語教育１　増補改訂版　日本語教育の基礎知識』高見澤孟監修、アスク出版
『多言語主義社会に向けて』平高史也・木村護郎クリストフ編、くろしお出版
『日本語教育と戦争―「国際文化事業」の理想と変容』河路由佳著、新曜社
『ベーシック日本語教育』佐々木泰子編、ひつじ書房

［著者紹介］

益田美樹（ますだ みき）

ジャーナリスト、ライター。読売新聞社社会部記者などを経て、主にオンライン・メディアで、フリーランサーとして執筆。英国カーディフ大学大学院（ジャーナリズム・スタディーズ専攻）修了。おもな著書に『青年海外協力隊員になるには』（ぺりかん社）などがある。

日《に》本《ほん》語《ご》教《きょう》師《し》になるには

2021年12月25日　初版第1刷発行
2024年 6 月25日　初版第2刷発行

著　者　益田美樹
発行者　廣嶋武人
発行所　株式会社ぺりかん社
〒113-0033　東京都文京区本郷1-28-36
TEL　03-3814-8515（営業）
　　　03-3814-8732（編集）
http://www.perikansha.co.jp/
印刷所　大盛印刷株式会社
製本所　鶴亀製本株式会社

ISBN978-4-8315-1603-9　Printed in Japan

*「なるにはBOOKS」シリーズは重版の際、最新の情報をもとに、データを更新しています。

補巻 13　ＮＰＯ法人で働く

小堂敏郎（経営ジャーナリスト）著

❶ＮＰＯ法人とは／私はこうしてＮＰＯ法人に就職した［食事でアフリカ支援、学校で社会を学ぶ、湖を再生する取り組み
❷ＮＰＯ法人の世界［ＮＰＯ法人の仕組み、ＮＰＯ法人の収入と職員の給与］
☆ ❸ＮＰＯ法人で働くために

補巻 17　イベントの仕事で働く

岡星竜美（東京富士大学教授）著

❶“イベント”について学ぼう！
❷イベントの現場で活躍する仕事人［イベントプロデューサー、音響スタッフ、照明スタッフ、美術スタッフ、企画運営スタッフ、警備スタッフ、アクション俳優］
☆ ❸なるにはコース

補巻 18　東南アジアで働く

横山和子（東洋学園大学大学院教授）著

❶東南アジアを知ろう
❷新たな市場を発見！［タイ：市場調査会社、香港：照明デザイン会社他］
❸社会の経済発展を支援！［カンボジア：土地開発や人材開発事業会社他］
❹東南アジアで働くために
★★★

補巻 24　福祉業界で働く

戸田恭子（フリーライター）著

❶まずは福祉業界を学ぼう
❷日常生活をサポートする福祉の仕事
❸さまざまな相談に応じる福祉の仕事
❹身体機能の回復を図る福祉の仕事
❺健康管理・病気予防のために働く福祉の仕事
❻まだまだある福祉の仕事
★★★

補巻 25　教育業界で働く

三井綾子（教育ライター）著

❶教育業界って何だろう
❷学力や受験にかかわる仕事［進学塾、個別指導塾、通信教育講座、オンライン学習サービス、プログラミング教室他］
❸幼児や社会人の教育にかかわる仕事［英会話教室、資格学校、教育研修コンサルタント他］
★★★

83　国際公務員になるには

横山和子（東洋学園大学特任教授）著

❶世界の平和と安全に取り組む国際公務員
❷国際公務員の世界［日本と国連とのかかわり、国連・国際機関の組織と仕組み、職場と仕事、生活と収入、将来性］
❸なるにはコース［適性と心構え、国際公務員への道のり、なるための準備］
★★★

51　青年海外協力隊員になるには

益田美樹（ジャーナリスト）著

❶自分の技術と経験を活かす青年海外協力隊員
❷青年海外協力隊員の世界［青年海外協力隊とは、青年海外協力隊の歴史、社会的意義と役割、選考と試験他］
❸ほかにもある海外協力［国連組織で働く、民間で行う支援］
★★★

10　通訳者・通訳ガイドになるには

鑓田浩章（エディトリアルディレクター）著

❶日本と世界の懸け橋として
❷通訳者・通訳ガイドの世界［通訳者の誕生から現在まで、通訳者・通訳ガイドが活躍する現場、生活と収入、将来性］
❸なるにはコース［適性と心構え、通訳者への道、通訳関連の資格について他］
★★★

142　観光ガイドになるには

中村正人（ジャーナリスト）著

❶“おもてなし”の心をもって
❷通訳案内士の世界［観光ガイドを取り巻く世界、通訳案内士とは、生活と収入、通訳案内士になるには他］
❸添乗員の世界［添乗員とは、添乗員の仕事、生活と収入、添乗員になるには他］
☆

138　社会起業家になるには

簱智優子（フリーライター）著

❶社会問題の解決に向けて
❷社会起業家の世界［社会起業家とは？、世界の社会起業家たち、活躍する分野、生活と収入、将来性］
❸なるにはコース［適性と心構え／養成施設／起業するには］
☆

【なるにはBOOKS】ラインナップ 税別価格 1170円〜1700円

1 パイロット
2 客室乗務員
3 ファッションデザイナー
4 冒険家
5 美容師・理容師
6 アナウンサー
7 マンガ家
8 船長・機関長
9 映画監督
10 通訳者・通訳ガイド
11 グラフィックデザイナー
12 医師
13 看護師
14 料理人
15 俳優
16 保育士
17 ジャーナリスト
18 エンジニア
19 司書
20 国家公務員
21 弁護士
22 工芸家
23 外交官
24 コンピュータ技術者
25 自動車整備士
26 鉄道員
27 学術研究者(人文・社会科学系)
28 公認会計士
29 小学校教諭
30 音楽家
31 フォトグラファー
32 建築技術者
33 作家
34 管理栄養士・栄養士
35 販売員・ファッションアドバイザー
36 政治家
37 環境専門家
38 印刷技術者
39 美術家
40 弁理士
41 編集者
42 陶芸家
43 秘書
44 商社マン
45 漁師
46 農業者
47 歯科衛生士・歯科技工士
48 警察官
49 伝統芸能家
50 鍼灸師・マッサージ師
51 青年海外協力隊員
52 広告マン
53 声優
54 スタイリスト
55 不動産鑑定士・宅地建物取引士
56 幼稚園教諭
57 ツアーコンダクター
58 薬剤師
59 インテリアコーディネーター
60 スポーツインストラクター
61 社会福祉士・精神保健福祉士
62 中小企業診断士
63 社会保険労務士
64 旅行業務取扱管理者
65 地方公務員
66 特別支援学校教諭
67 理学療法士
68 獣医師
69 インダストリアルデザイナー
70 グリーンコーディネーター
71 映像技術者
72 棋士
73 自然保護レンジャー
74 力士
75 宗教家
76 CGクリエータ
77 サイエンティスト
78 イベントプロデューサー
79 パン屋さん
80 翻訳家
81 臨床心理士
82 モデル
83 国際公務員
84 日本語教師
85 落語家
86 歯科医師
87 ホテルマン
88 消防官
89 中学校・高校教師
90 愛玩動物看護師
91 ドッグトレーナー・犬の訓練士
92 動物園飼育員・水族館飼育員
93 フードコーディネーター
94 シナリオライター・放送作家
95 ソムリエ・バーテンダー
96 お笑いタレント
97 作業療法士
98 通関士
99 杜氏
100 介護福祉士
101 ゲームクリエータ
102 マルチメディアクリエータ
103 ウェブクリエータ
104 花屋さん
105 保健師・養護教諭
106 税理士
107 司法書士
108 行政書士
109 宇宙飛行士
110 学芸員
111 アニメクリエータ
112 臨床検査技師
113 言語聴覚士
114 自衛官
115 ダンサー
116 ジョッキー・調教師
117 プロゴルファー
118 カフェオーナー・カフェスタッフ・バリスタ
119 イラストレーター
120 プロサッカー選手
121 海上保安官
122 競輪選手
123 建築家
124 おもちゃクリエータ
125 音響技術者
126 ロボット技術者
127 ブライダルコーディネーター
128 ミュージシャン
129 ケアマネジャー
130 検察官
131 レーシングドライバー
132 裁判官
133 プロ野球選手
134 パティシエ
135 ライター
136 トリマー
137 ネイリスト
138 社会起業家
139 絵本作家
140 銀行員
141 警備員・セキュリティスタッフ
142 観光ガイド
143 理系学術研究者
144 気象予報士・予報官
145 ビルメンテナンススタッフ
146 義肢装具士
147 助産師
148 グランドスタッフ
149 診療放射線技師
150 視能訓練士
151 バイオ技術者・研究者
152 救急救命士
153 臨床工学技士
154 講談師・浪曲師
155 AIエンジニア
156 アプリケーションエンジニア
157 土木技術者
158 化学技術者・研究者
159 航空宇宙エンジニア
160 医療事務スタッフ
161 航空整備士
162 特殊効果技術者
補巻24 福祉業界で働く
補巻25 教育業界で働く
補巻26 ゲーム業界で働く
補巻27 アニメ業界で働く
補巻28 港で働く
別巻 レポート・論文作成ガイド
別巻 中高生からの防犯
別巻 会社で働く
別巻 大人になる前に知る 老いと死
別巻 指と耳で見る、目と手で聞く
別巻 生理の話
別巻 中高生の防災ブック
高校調べ 総合学科高校
高校調べ 農業科高校
高校調べ 商業科高校
高校調べ 理数科高校
高校調べ 国際学科高校
教科と仕事 英語の時間
教科と仕事 国語の時間
教科と仕事 数学の時間
教科と仕事 理科の時間
学部調べ 社会学部・観光学部
学部調べ 外国語学部
学部調べ 教養学部
学部調べ 国際学部
—— 以降続刊 ——

※一部品切・改訂中です。 2024.6.